ROSA MAGRÌ

LE INTESE VERTICALI

IL REGOLAMENTO DI ESENZIONE UE 330/10

© **Rosa Magrì**
Le intese verticali. Il regolamento di esenzione UE 330/10.
Lulu Press Inc. - Catania ottobre 2013
ISBN 978-1-291-58410-3

Stampato in USA - Printed in USA

« Una volta che l'idea teorica è acquisita, è bene seguirla finché conduca ad una conclusione insostenibile »

Albert Einstein

Introduzione

Le restrizioni verticali della concorrenza consistono in quelle condotte "anticoncorrenziali" che interessano soggetti operanti a livelli diversi dell'immaginaria linea verticale che dalla fase di produzione di un bene o di un servizio conduce, attraverso la sua distribuzione, ai consumatori finali.

Mentre è ragionevole nutrire il sospetto che le intese orizzontali tra i concorrenti possano avere effetti negativi per la concorrenza, nel campo delle intese verticali, è legittimo albergare il punto di vista opposto, vale a dire che, nella maggior parte dei casi, queste intese producano incrementi di efficienza che ne compensano largamente i possibili effetti distorsivi. Le restrizioni verticali (o accordi) permettono infatti di replicare, abbastanza fedelmente i vantaggi, in termini di efficienza, che le imprese potrebbero raggiungere qualora presidiassero direttamente tutte le fasi della filiera produttiva.

Gli effetti procompetitivi di alcune restrizioni verticali giustificano, qualora siano soddisfatte determinate condizioni strutturali del mercato, un trattamento favorevole da parte del diritto *antitrust*.

In data 20 aprile 2010 è stato emanato il Reg. n. 330/2010 "relativo all'applicazione dell'art. 101, paragrafo 3, del trattato sul funzionamento dell'Unione europea a categorie di accodi verticali e pratiche concordate"[1]. In data 19 maggio hanno visto la luce anche gli "Orientamenti sulle restrizioni verticali"[2] che hanno lo scopo di guidare l'interprete nell'applicazione del regolamento.

Il Reg. n. 330/2010 sostituisce il precedente Reg. n. 2790/1999[3] rimasto in vigore per dieci anni, confermandone l'impianto generale, ma apportando alcune modifiche rese necessarie dall'evoluzione dei mercati, dai risultati dell'analisi economica e dall'esperienza di applicazione.

Il primo capitolo si sofferma sull'analisi economica delle principali restrizioni verticali, per poi ripercorrere brevemente le tappe che hanno portato all'attuale impostazione della normativa comunitaria in materia di intese verticali.

Il secondo capitolo è interamente dedicato al sistema della doppia so-

---

[1] Reg. 330/2010, in GUUE, 23 aprile 2010, *Regolamento relativo all'applicazione dell'articolo 101, paragrafo 3, del trattato sul funzionamento dell'Unione europea a categorie di accordi verticali e pratiche concordate*, L 102/1.

[2] Comunicazione della Commissione, in GUUE, 19 maggio 2010, *Orientamenti sulle restrizioni* verticali, 2010/C 130/01.

[3] Reg. 2790/1999, in GUUE, 29 dicembre 1999, *Regolamento relativo all'applicazione dell'articolo 81, paragrafo 3, del trattato CE a categorie di accordi verticali e pratiche concordate*, L 336/21.

glia, ossia alla principale novità introdotta dal Reg. n 330/2010, in risposta alla crescita del potere di mercato e negoziale degli operatori della grande distribuzione. Esso descrive le diverse posizioni che hanno caratterizzato l'*iter* di revisione del precedente Reg. n. 2790/1999, portando la Commissione a optare per una soluzione di compromesso fra i diversi interessi in gioco.

Il terzo capito pone l'attenzione sul trattamento riservato alle *hardcore restrictions*, testimoniando una leggera apertura degli *Orientamenti* sulla possibilità di ottenere un'esenzione individuale, ai sensi dell'art. 101.3 del TFUE. Per ciascuna restrizione fondamentale saranno individuate le modifiche che sono state apportate rispetto al previgente regime e le ipotesi in cui la Commissione sarà più propensa a concedere un'esenzione individuale (*efficiency defence*).

Infine, nell'ultimo capitolo ci si soffermerà sull'*e-commerce*. La crescita esponenziale delle vendite *online* ha richiesto al legislatore una disciplina più dettagliata della distribuzione via *internet* e il superamento di alcune incertezze applicative sorte nella vigenza del precedente regime. In esso, vengono affrontate le problematiche che la coesistenza di canali di vendita tradizionali e via *internet* determinano per i sistemi di distribuzione esclusiva e selettiva e le relative scelte attuate dalla Commissione negli *Orientamenti*.

1. Le restrizioni verticali: normativa e aspetti economici

1. Le restrizioni verticali: un quadro generale

Le intese verticali intercorrono tra imprese collocate a stadi diversi della catena di produzione[4] (a titolo esemplificativo, tra un fornitore di materie prime o di componenti e un produttore; tra questo e un distributore; tra un grossista e un dettagliante).

Le intese in esame assumono rilievo ai sensi della disciplina antimonopolistica ove contengano pattuizioni atte a restringere la concorrenza *intrabrand* (che intercorre tra distributori di prodotti della stessa marca) ovvero quella *interbrand* (che si sviluppa tra beni e servizi concorrenti).

Fra le intese verticali e quelle orizzontali esiste un'intrinseca diversità ontologica, che ne giustifica il trattamento generalmente più favorevole nei confronti delle prime.

Nel caso delle intese orizzontali, le imprese hanno un interesse coincidente ad attenuare la reciproca pressione concorrenziale, che sfocia nell'adesione a un disegno anticompetitivo condiviso e voluto da tutti i contraenti, in vista dell'incremento dei rispettivi profitti.

Nelle intese verticali, invece, le imprese hanno interessi tendenzialmente antagonistici: i maggiori profitti incamerati da un operatore, infatti, rappresentano uno svantaggio per la controparte poiché l'incremento del prezzo degli input (quali, le materie prime, i componenti, il servizio di distribuzione, ecc..) determina un aumento del prezzo finale dei beni o dei servizi contrattuali, con conseguente contrazione delle vendite.

Ne discende che nel caso delle intese verticali, non vi è, *ab origine*, una convergenza di interessi circa l'attuazione di un disegno anticoncorrenziale: la restrizione della concorrenza in un determinato mercato è riconducibile, di norma, all'iniziativa unilaterale di un'impresa, cui la controparte aderisce perché costretta (intesa *obtorto collo*), o attirata dalla promessa di un vantaggio finanziario, generalmente rappresentato da una quota dei profitti monopolistici.

2. L'analisi economica delle restrizioni verticali

Le intese verticali restrittive della concorrenza sono riconducibili a due principali categorie: le restrizioni *intrabrand* e quelle *interbrand*.

Le prime includono un vasto numero di pattuizioni, intese a regolare la

---

[4] Cfr. art. 1, par. 1, lettera a), Reg. n. 330/2010.

vendita di beni o servizi di una determinata marca da parte degli acquirenti, senza limitare la possibilità, per gli stessi, di acquistare e commercializzare prodotti di altri fornitori. Tali pattuizioni possono essere divise, a loro volta, in:

• *Price restraints* (RPM), con le quali il produttore controlla il prezzo di rivendita di un bene o un di servizio;

• *Non price restraints*, che comprendono un'ampia gamma di previsioni negoziali, tra cui rientrano le restrizioni territoriali e quelle relative alla clientela. Attraverso una clausola di esclusiva territoriale e/o relativa alla clientela, un fornitore può prevedere che ci sia un solo rivenditore a vendere una determinata marca all'interno di una specifica area geografica e/o a un determinato gruppo di clienti.

Le restrizioni *interbrand*, per converso, limitano la possibilità, per l'impresa situata nel mercato a valle, di acquistare e/o di commercializzare prodotti forniti da operatori diversi dalla controparte. Le principali restrizioni verticali *interbrand* sono:

• Gli accordi di acquisto esclusivo (*exclusive dealing*), coi quali l'acquirente s'impegna a rifornirsi per la totalità o per la maggior parte del proprio fabbisogno di uno o più beni da un determinato fornitore;

• Le clausole leganti (o *tie-in),* in virtù delle quali la vendita o la concessione in godimento di un prodotto (c.d. prodotto legante) è subordinata all'acquisto o alla locazione di un altro (c.d. prodotto legato).

La tassonomia appena delineata, accolta da larga parte della letteratura nordamericana[5], può essere utilmente utilizzata a fini espositivi, con una precisazione: le restrizioni *intrabrand* possono incidere negativamente tanto sulla concorrenza *intrabrand*, quanto su quella *interbrand*.

Nella prassi commerciale, peraltro, è dato rinvenire un'ampia gamma di ulteriori pattuizioni, che rappresentano delle variazioni delle restrizioni sopramenzionate.

2.1. Le restrizioni *intrabrand*

Mediante l'impiego di restrizioni verticali *intrabrand*, il produttore rende il settore distributivo meno competitivo, impedendo o limitando la concorrenza sui prezzi tra i rivenditori, attribuendo ad alcuni di essi diritti esclusivi nell'ambito di un territorio o di una clientela, ovvero assicurando ai distributori altre forme di protezione dalla pressione concorrenziale dei

---

[5] Cfr., in particolare, HOVENKAMP H., *Federal antitrust policy*, in "The law of competition and its practice", 1999.

rivali.

L'affievolimento della concorrenza *intrabrand* appare, *prima facie*, contrario agli interessi del produttore, che è normalmente avvantaggiato dal mantenimento di un settore distributivo competitivo, giacché la contrazione dei margini incamerati dai rivenditori, determina una riduzione del livello dei prezzi finali e, quindi, un incremento delle vendite.

Nel tentativo di superare tale paradosso teorico, nella letteratura nordamericana sono state avanzate diverse teorie, intese a spiegare le ragioni che possono motivare l'utilizzo delle restrizioni *intrabrand*. Alcune di esse hanno evidenziato il potenziale anticoncorrenziale di tali restrizioni, atte a limitare la concorrenza, tanto all'interno della marca (*intrabrand competition*), quanto tra fornitori o distributori di prodotti sostituti (*interbrand competition*). Altre teorie, invece, hanno sottolineato i guadagni di efficienza di tali pattuizioni e gli effetti procompetitivi.

2.1.1. Il potenziale anticompetitivo

La facilitazione di fenomeni collusivi - Una delle principali accuse tradizionalmente mosse alle restrizioni verticali *intrabrand* poggia nella loro attitudine a facilitare fenomeni di collusione orizzontale nel mercato a valle o in quello a monte.

Al fine di assicurare la creazione e la sopravvivenza di un cartello orizzontale, i rivenditori potrebbero coinvolgere i produttori, che sono in posizione ottimale per monitorare e coordinare l'attuazione del disegno anticoncorrenziale, in quanto intrattengono relazioni commerciali con diverse imprese attive nel settore distributivo.

Per esempio, al fine di evitare sconti e guerre di prezzo al loro interno e quindi per facilitare comportamenti collusivi, i rivenditori possono richiedere al fornitore di imporre un prezzo minimo di vendita (RPM). Il fornitore, secondo questa teoria, fisserebbe un prezzo minimo tale da garantire ai rivenditori meno efficienti un margine sufficiente. In assenza di tale vincolo di RPM, i rivenditori più efficienti potrebbero praticare ai consumatori finali prezzi tali da non consentire ai rivali inefficienti di restare sul mercato. Tale clausola avrebbe, pertanto, l'effetto di mantenere i prezzi più alti e di procurare profitti positivi ai distributori a danno dei consumatori finali.

Le restrizioni della concorrenza *intrabrand* possono anche fornire un supporto a forme di coordinamento commerciali dei produttori. Ad esempio, una clausola di RPM può favorire la collusione tra i produttori in quanto migliora l'osservabilità dei prezzi.

Secondo *Matwson* e *Winter,* se il prezzo all'ingrosso non è facilmente osservabile, la stabilità di un cartello può essere compromessa perché i membri hanno difficoltà a comprendere se eventuali variazioni del prezzo finale siano da ricondurre alle mutate condizioni del mercato al dettaglio o a effettive deviazioni dal cartello. Infatti, in assenza di una clausola di RPM, i prezzi finali sono guidati dai prezzi all'ingrosso ma anche dalle condizioni locali dei costi e della domanda. Poiché dall'osservazione dei prezzi al dettaglio non è possibile dedurre con esattezza i prezzi all'ingrosso, eventuali deviazioni dall'accordo collusivo non possono essere identificate con certezza.

Una clausola di RPM può migliorare la stabilità di un cartello, eliminando le variazioni del prezzo finale. In presenza di prezzi al dettaglio uniformi, infatti, i produttori possono facilmente individuare comportamenti devianti dall'accordo collusivo e punirli[6].

L'attenuazione delle concorrenza _interbrand_ - In un mercato oligopolistico, i produttori potrebbero utilizzare clausole di esclusiva territoriale in senso strategico, per attenuare la concorrenza _interbrand_. Assegnando un'esclusiva territoriale ai propri distributori, il produttore si priva consapevolmente della scelta di controllare il prezzo finale del proprio prodotto. Pertanto, qualora dovesse praticare una riduzione del prezzo all'ingrosso, il distributore sarà libero di decidere se trasferirne una parte ai consumatori ovvero appropriarsene per intero. Ciò determina una diminuzione della elasticità della domanda percepita dal fornitore, in quanto un'eventuale riduzione dei prezzi praticati ai distributori determinerebbe una minor espansione delle vendite[7]. Il fornitore è, pertanto, incline a innalzare il prezzo all'ingrosso praticato. Il fatto che anche i produttori concorrenti facciano ricorso a degli accordi di distribuzione esclusiva, segnala l'adozione di comportamenti poco competitivi nella vendita dei propri prodotti[8]. Laddove queste scelte distributive venissero adottate da tutti i produttori, i prezzi che prevarrebbero sul mercato sarebbero presumibilmente più elevati, rispetto a un contesto privo di esclusive territoriali, dove la concorrenza tra i distributori favorisce il continuo allineamento dei prezzi finali[9].

Per converso, qualora distributori oligopolistici fronteggino produttori

---

[6] REY P., _Price control in vertical restrictions_, in "The pros and cons of vertical restraints", p. 148.

[7] REY P. e STIGLITZ J., _Vertical restraints and producers' competition_, Working Paper n. 2601, May 1988, p. 4.

[8] Le clausole di esclusività territoriale hanno il vantaggio di essere osservabili e, dunque, non facilmente negoziabili. Un contratto ha valore di _commitment_, ovvero può influenzare strategicamente il comportamento dei rivali, qualora esso possa essere pubblicamente osservato e non possa essere facilmente modificato).

[9] Cfr. SABBATINI P., _La concorrenza verticale_, 2005, in <http://www.hermesricerche.unito.it>, p. 7.

attivi in un mercato perfettamente concorrenziale, le restrizioni *intrabrand* potrebbero essere utilizzate, in senso strategico, per indebolire la concorrenza nel settore distributivo. Un distributore dotato di potere di mercato potrebbe assumere l'impegno a praticare un prezzo di rivendita elevato, per segnalare ai rivali l'intenzione di non intraprendere iniziative commerciali aggressive e indurli ad attuare analoghi aumenti. In uno scenario oligopolistico, caratterizzato dall'interdipendenza strategica delle scelte individuali, l'adozione di comportamenti paralleli potrebbe essere del tutto razionale, posto che l'attenuazione della reciproca pressione concorrenziale si tradurrebbe in un incremento dei complessivi profitti incamerati dai rivenditori[10].

Gli effetti anticompetitivi nel caso di prodotti differenziati - In mercati caratterizzati dalla presenza di marche rinomate e da una significativa differenziazione dei prodotti, la restrizione dell'*intrabrand competition*, potrebbe incidere negativamente sui consumatori, indipendentemente dal possibile affievolimento della concorrenza *interbrand*. In caso di prodotti differenziati, infatti, la competizione tra marche (*interbrand competition*) può essere meno intensa e diretta di quella *intrabrand*, in ragione dell'esistenza di fenomeni di *brand loyalty* e della tendenza dei consumatori ad associare il maggior prezzo di un bene a una maggiore qualità[11].

2.1.2. I possibili guadagni di efficienza

L'Eliminazione del rischio di *free riding* - L'impiego delle restrizioni verticali *intrabrand* riflette, di norma, un'esigenza di tutela dei distributori, che possono richiedere una qualche forma di protezione, per sostenere gli investimenti necessari alla commercializzazione di un prodotto innovativo, alla penetrazione di un nuovo mercato o allo svolgimento di attività informative e promozionali. In alcune ipotesi, la concessione di un'adeguata protezione ai distributori (tramite clausole di RPM o mediante l'attribuzione di una protezione territoriale o della clientela), oltre a tutelare le loro ragioni, risponde a legittime esigenze commerciali del produttore e può generare guadagni in termini di efficienza.

Tra le spiegazioni efficientiste, un'importanza cruciale ha rivestito la teoria del *free riding*. Il tipico problema di *free riding* a livello della distribuzione riguarda il carattere di bene pubblico dei servizi promozionali offerti

---

[10] Cfr. FAELLA G., *Le intese verticali*, in "La concorrenza"(*a cura di* FRIGNANI A. e PARDOLESI R.), *2006*, Torino: Giappichielli, p. 111.

[11] Cfr. *ivi*, p. 112.

al dettaglio. Se un dettagliante non è l'esclusivo rivenditore di un particolare prodotto, alcuni investimenti in promozioni per tale prodotto possono andare a vantaggio dei distributori concorrenti. Una volta ispezionato e confrontato il prodotto con altre alternative di acquisto presso un negozio che offre un elevato servizio di esposizione e assortimento, un consumatore può acquistare lo stesso prodotto presso un negozio a ridotto servizio e che pratica prezzi inferiori. Tale situazione può indurre il dettagliante che pratica politiche di promozione a ridurre notevolmente i servizi addizionali offerti, in quanto il loro effetto perverso è di produrre una perdita di competitività nei confronti degli altri dettaglianti[12].

Ovviamente il produttore soffrirà della minore offerta di promozione a livello del dettaglio in quanto vedrà diminuire il proprio volume di vendite. Per correggere tale distorsione il produttore può cedere in esclusiva il proprio prodotto a uno o pochi dettaglianti, che saranno così protetti dai concorrenti *free rider*. Un'altra soluzione è quella di imporre a tutti i rivenditori un prezzo di rivendita minimo, così da impedire una sleale concorrenza di prezzo da parte di eventuali *free rider*[13].

Il *free riding* ha contribuito a rimuovere alcuni pregiudizi nei confronti delle restrizioni verticali *intrabrand*, ma incontra una serie di limitazioni che ne ridimensionano, in concreto, la portata applicativa.

Innanzitutto, la teoria in questione si presta a spiegare l'utilizzo delle restrizioni verticali esclusivamente in settori merceologici in cui i servizi prevendita:

• Rappresentano una variabile strategica determinante, perché atti a produrre effetti espansivi della domanda;

• Sono suscettibili di sfruttamento opportunistico da parte di distributori concorrenti.

In secondo luogo, ad un incremento dell'output, a seguito dello svolgimento di attività informative e promozionali, non necessariamente corri-

---

[12] SODANO V., *L'analisi tradizionale dell'integrazione verticale*, in <http://wpage.unina.it>, pp. 252-253.
[13] *Telser* (1960) ha sostenuto che una clausola di RPM potrebbe risolvere il problema del *free riding* perché evita che i distributori competano sul prezzo, spingendoli a concentrare i propri sforzi sulla qualità e sui servizi offerti al consumatore.
Klein e *Murphy* (1988), invece, hanno proposto che i fornitori potrebbero ricorrere alle restrizioni verticali, come l'imposizione di un prezzo minimo di rivendita e l'attribuzione di territori esclusivi, per garantire ai propri distributori dei rendimenti superiori, il che significherebbe che essi avrebbero qualcosa da perdere se tali contratti fossero rescissi. Tale rendita, unitamente al monitoraggio continuo della qualità e dei servizi offerti e alla minaccia di rescissione, dovrebbe incentivare i fornitori a garantire il livello desiderato di qualità e di servizi.
Cfr. LAFONTAINE F. e SLADE E. M., *Exclusive Contracts and Vertical Restraints: Empirical Evidence and Public Policy*, in "Journal of Economic Literature", 2005, p. 7.

sponde un guadagno in termini di efficienza, in ragione delle differenti preferenze dei singoli consumatori circa il livello ottimale di servizi prevendita. Nel definire le proprie strategie commerciali, il produttore tiene conto, *in primis*, delle preferenze dei consumatori marginali (ossia di quelli disposti a pagare per il prodotto una cifra prossima al suo prezzo corrente), in quanto le loro decisioni di acquisto possono essere influenzate da variazioni nel livello dei prezzi e dei servizi forniti nel punto vendita. I consumatori inframarginali (che attribuiscono al prodotto un valore superiore al suo prezzo e hanno, di norma, un'adeguata conoscenza delle sue caratteristiche) traggono minore vantaggio dalle attività informative e promozionali svolte dai distributori, ma ne sostengono il costo, che grava indistintamente su tutti gli acquirenti, essendo incorporato nel prezzo finale. In casi del genere, la pratica può determinare un incremento dell'output, ma non accresce necessariamente il benessere dei consumatori, posto che alcuni di essi saranno avvantaggiati, mentre altri dovranno sostenere i costi connessi alla prestazione di servizi non desiderati[14].

Ancora, tali servizi, preziosi nella fase iniziale del ciclo di vita del prodotto potrebbero divenire superflui con il passare del tempo. In questo caso, restrizioni verticali ingiustificate[15] potrebbero danneggiare i consumatori e, in ogni caso, ritardare l'emersione di canali di vendita alternativi, caratterizzati dall'assenza di servizi promozionali o di informazione, ma anche di prezzi inferiori.

La prevenzione di comportamenti opportunistici del fornitore - In taluni settori, è possibile che il produttore desideri che il distributore effettui *ex ante* degli ingenti investimenti specifici, al fine di fornire dei migliori servizi ai consumatori. A meno che il distributore non sia sicuro che i propri investimenti siano integralmente protetti, egli sceglierà di non effettuarli o di sostenerli ad un livello subottimale. In altre parole, il distributore necessita di un certo grado di protezione dal potenziale comportamento opportunistico del produttore. A tale fine potrebbe essere funzionale l'introduzione di una restrizione verticale, come l'attribuzione di un territorio in esclusiva al distributore.

Mentre la protezione territoriale garantisce al distributore un certo potere di mercato, i consumatori beneficiano di migliori servizi e, pertanto, si

---

[14] Cfr. FAELLA G., *Le intese verticali*, op. cit., pp. 113-114.
[15] Il produttore potrebbe erroneamente continuare ad adottare le restrizioni verticali inefficienti oppure potrebbe, a un certo punto, diventare "vittima" dei distributori. Cfr. BENTIVOGLI C. e TRENTO S., *Economia e politica della concorrenza: antitrust e regolamentazione*, 2005, Roma: Carocci, p. 269.

può ritenere che la restrizione in esame abbia un effetto positivo sul benessere sociale[16].

L'intensificazione della concorrenza *interbrand* - Le restrizioni *intrabrand* possono intensificare la concorrenza *interbrand*[17], fungendo da strumento per incentivare gli sforzi di vendita dei distributori, mediante la garanzia di margini più elevati, ovvero per incoraggiare i rivenditori ad affrontare l'alea insita nella commercializzazione di nuovi prodotti.

Ad esempio, l'effetto di una clausola di esclusiva territoriale è quello di eliminare in una determinata area geografica ogni concorrenza all'interno di una stessa marca. Tuttavia, una siffatta restrizione, inducendo potenziali rivenditori a intraprendere la distribuzione di prodotti di nuove imprese, può rivelarsi un insostituibile fattore di incremento della concorrenza *interbrand*[18].

In alcuni mercati, ove la disponibilità di una rete distributiva capillare rappresenta una variabile strategica determinante, i fornitori potrebbero decidere di mitigare l'intensità della concorrenza *intrabrand*, onde accrescere il numero di punti vendita e, quindi, la reperibilità dei propri prodotti. La fissazione di un prezzo di rivendita minimo, la garanzia di una protezione territoriale e l'attribuzione esclusiva di una clientela permettono ad imprese meno efficienti di intraprendere o proseguire la commercializzazione del bene o del servizio, così da accrescere la densità della rete distributiva.

2.1.3. La valutazione delle restrizioni *intrabrand*

I possibili guadagni di efficienza inducono a ritenere inadeguati divieti aprioristici, ma non giustificano un giudizio di liceità *per se*. Gli effetti delle restrizioni verticali *intrabrand* non sono determinabili *a priori*, bensì dipendono dal contesto economico e giuridico nel quale la pratica si inserisce. Tra gli elementi di valutazione, la teoria economica permette di isolare alcune condizioni di carattere strutturale, in presenza/assenza delle quali le restrizioni *intrabrand* non hanno, di norma, significativi effetti anticoncorrenziali.

In primo luogo, è importante verificare l'intensità della concorrenza tra marche. La teoria economica supporta la tesi secondo la quale in presenza

---

[16] Cfr. SLADE E. M., *The effects of vertical restraints: an evidence based approach*, in "The pros and cons of vertical restraints", p. 18.
[17] Cfr. GRIMES W. S., *Brand marketing, interbrand competition, and the multibrand retailer: the antitrust law of vertical restraints*, in "Antitrust law journal", 1995/6, vol. 64, p. 87.
[18] Cfr. MANGINI V. e OLIVIERI G., *Diritto antitrust*, Torino: Giappichielli, 2009, p. 33.

di una forte *interbrand competition*, le restrizioni *intrabrand* non dovrebbero essere in grado di restringere la concorrenza e potrebbero determinare dei miglioramenti nell'efficienza superiori ai possibili rischi[19].

Ciò si spiega, in quanto:

• Una forte *interbrand competition* ostacola lo sfruttamento del potere di mercato *intrabrand*, impedendo ad una singola impresa di influire significativamente sul livello dei prezzi e sulle quantità commercializzate;

• Il potere di mercato rappresenta un presupposto per l'utilizzo strategico delle restrizioni verticali in senso anticompetitivo;

• In assenza di potere di mercato, è probabile che l'accordo abbia effetti virtuosi, agevolando l'introduzione di prodotti innovativi e l'ingresso di nuove imprese, o promuovendo la commercializzazione di beni o di servizi non ancora affermati;

• La concorrenza *intrabrand* è efficace nel contenere il livello dei prezzi soprattutto quando interessa prodotti conosciuti e rinomati.

In secondo luogo, è necessario prendere in considerazione il grado di diffusione della pratica. Le restrizioni *intrabrand*, infatti, possono facilitare fenomeni collusivi ove la pratica interessi una porzione significativa del mercato, nonostante le imprese che utilizzano la restrizione detengano quote piuttosto modeste.

Ad un primo esame, l'utilizzo combinato dei due parametri del potere di mercato e del grado di diffusione della pratica consente di discriminare le intese che, di norma, non presentano significativi rischi sul piano concorrenziale da quelle che, invece, richiedono un più attento scrutinio.

2.1.4. Il prezzo imposto massimo

Nell'ambito delle restrizioni *intrabrand* una trattazione separata merita la clausola con la quale il fornitore impone un tetto massimo al prezzo praticabile dai distributori.

Di per sé la clausola non impedisce ai rivenditori di competere riducendo i prezzi e presenta un limitato potenziale anticompetitivo.

In teoria, effetti anticoncorrenziali potrebbero prodursi allorché il prezzo massimo nasconda, in realtà, l'imposizione di un prezzo minimo o fisso ovvero rappresenti una pratica facilitante di fenomeni collusivi, fungendo da *focal point* per agevolare il coordinamento delle condotte commerciali dei produttori o dei distributori in un mercato oligopolistico.

---

[19] Cfr. RAYCHAUDHURI T., *Vertical restraints in competition law: the need to strike the right balance between regulation and competition*, in "Nujs law review", 2011, 4 nujs, pp. 612-613.

In realtà queste costituiscono delle ipotesi raramente plausibili. La restrizione è impiegata, di norma, per impedire ai rivenditori di praticare un eccessivo ricarico sui prezzi adottati dal produttore (c.d. *double marginazation*[20]), o per assicurarsi che gli sconti promozionali offerti ai distributori siano trasferiti ai consumatori.

Le autorità *antitrust* ritengono che la relazione intercorrente fra il potere di mercato del fornitore ed il benessere sociale presenti un andamento monotonico decrescente: più alto è il potere di mercato del fornitore (*sellig power*), peggiore è l'effetto sul benessere sociale di una clausola di prezzo imposto massimo[21].

Tuttavia, alcuni autori hanno contestato l'andamento monotonico di tale relazione, dimostrando che il benessere sociale è massimo, non quando il fornitore non ha alcun *selling power*, bensì quando quest'ultimo si colloca ad un livello intermedio[22].

---

[20] La doppia marginalizzazione comporta un prezzo finale del prodotto maggiore di quello che verrebbe praticato da un monopolista integrato su tutta la filiera. Tale effetto si realizza in quanto ad ogni successivo stadio produttivo ciascun operatore aggiunge un proprio *mark-up* anche sui profitti conseguiti dalle imprese operanti a monte; profitti incorporati nel costi degli input degli operatori a valle. Ne deriva che la quantità prodotta sarà inferiore a quella che verrebbe scelta da un monopolista integrato, così come minori saranno il profitto conseguito dalle due imprese e il benessere dei consumatori, che pagheranno un prezzo più alto. Un'impresa monopolista a monte, o con una rilevante posizione di mercato, ha pertanto interesse a ridurre tale fenomeno. Un modo per farlo sarebbe quello di imporre una clausola di prezzo massimo, fissandolo pari al prezzo che verrebbe praticato da un monopolista integrato.
Accordi con effetti simili, sono quelli di fissazione della quantità minima, che permetterebbero di ottenere un risultato analogo, costringendo il rivenditore ad aumentare le vendite fino al raggiungimento del livello ottimale.
[21] "Quanto più è forte la posizione di mercato del fornitore, tanto è maggiore il rischio che un prezzo massimo o un prezzo di rivendita raccomandato porti ad un'applicazione più o meno uniforme di tale livello di prezzo da parte dei rivenditori, perché essi possono servirsene come punto di convergenza. Può risultare difficile per i rivenditori imporre un prezzo che si discosti da quello che essi percepiscono come il prezzo di rivendita preferito da un fornitore molto importante nel mercato". *Orientamenti sulle restrizioni* verticali, n. 228.
[22] COLANGELO G. e MARTINI G., *Endogenous maximum RPM, recommended retail prices and the role of buyer power*, in <http://www.unibg.it/dati/persone/418/1550.pdf>, 2007, pp. 27-28. Gli AA. hanno dimostrato che un rivenditore accetterà una clausola di *maximum* RPM solo in cambio di un elevato sconto unitario. Quando il *buyer power* è basso, il distributore, ricevendo soltanto un piccolo sconto unitario, mantiene il controllo del prezzo al dettaglio, fissandolo ad un livello superiore a quello raccomandato. Ciò implica che il problema della doppia marginalizzazione non viene eliminato. Se il *buyer power* è molto alto, il produttore, sapendo che lo sconto unitario richiesto dal rivenditore potrebbe essere troppo alto, non proporrà alcuna clausola di RPM. Infine, quando il potere contrattuale delle parti è bilanciato, il fornitore proporrà una clausola di *maximum* RPM e il rivenditore accetterà: soltanto in queste circostanze una clausola di RPM verrà implementate endogenamente. Questa rappresenta la situazione che massimizza il benessere sociale perché la doppia marginalizzazione viene eliminata mentre lo sconto unitario richiesto dal rivenditore non è particolarmente alto.

2.2. Le restrizioni *interbrand*

Analogamente alle pattuizioni *intrabrand*, le restrizioni *interbrand* hanno valenza ambigua, perché idonee a generare guadagni d'efficienza ma atte, al contempo, a determinare effetti restrittivi. Dati i differenti effetti che possono generare, è opportuno analizzare separatamente le due principali restrizioni *interbrand*: gli accordi di acquisto esclusivo e il *tie-in*.

2.2.1. Gli accordi di acquisto esclusivo

Con un accordo di acquisto esclusivo, il distributore conviene di acquistare tutto il suo fabbisogno di un particolare prodotto soltanto da un fornitore.

Gli accordi di acquisto esclusivo possono determinare conseguenze pregiudizievoli sul piano concorrenziale, in virtù dell'effetto escludente (*foreclosure*) nei confronti dei produttori concorrenti, cui viene precluso l'accesso ai canali distributivi[23]. La pratica può cagionare effetti anticoncorrenziali, senza tradursi necessariamente nell'eliminazione dei rivali: mediante l'imposizione di un vincolo di esclusiva agli acquirenti, il produttore potrebbe determinare un accrescimento dei costi dei concorrenti, impedendogli di raggiungere economie di scala o precludendogli l'accesso ai canali commerciali più efficienti[24].

Il possibile effetto di *foreclosure* non esaurisce il potenziale anticoncorrenziale dell'*exclusive dealing*. La pratica potrebbe essere utilizzata, in chiave

---

[23] All'*exclusive dealing* può essere accostata una serie di varianti – quali l'imposizione di quantitativi minimi d'acquisto (*requirement contracts*) e la concessione di sconti fidelizzanti – che si caratterizzano per la restrizione della facoltà, per gli operatori attivi nel mercato a valle, di intrattenere rapporti commerciali con altri fornitori.

[24] Esiste un'ampia letteratura economica sui contratti di acquisto esclusivo e sul loro potenziale escludente. *Posner* (1976) e *Bork* (1978), che sintetizzano bene la posizione della scuola di Chicago, hanno elaborato un modello secondo cui un produttore non può, tramite un contratto di *exclusive dealing*, ostacolare l'ingresso di un concorrente più efficiente. Secondo il loro modo di vedere, affinché un produttore monopolista (*incumbent*) e un distributore (unico acquirente) firmino un contratto di esclusiva, il secondo dovrebbe ricevere un beneficio dal primo. Tuttavia, l'*incumbent* non ha la possibilità di offrire all'acquirente un compenso sufficiente a convincerlo a firmare l'accordo, perché tale compenso dovrebbe essere superiore al suo profitto di monopolio. Al contrario, recenti contributi teorici (modelli post-Chicago), offrono esempi in cui un contratto di *exclusive dealing* può essere utilizzato con finalità escludenti. *Rasmussen, Ramseyer* e *Wiley* (1991) e *Segal* e *Whinston* (2000) hanno argomentato che, se ci sono economie di scala (e quindi esiste una dimensione minima perché un concorrente potenziale trovi convenienza ad entrare nel mercato) l'impresa *incumbent* può sfruttare le difficoltà di coordinamento tra gli acquirenti vincolando ad un contratto di esclusiva soltanto alcuni di essi, ma riuscendo in tal modo a precludere l'ingresso nel mercato anche ad un concorrente più efficiente. Per un approfondimento, cfr. Motta M. e Polo M., *Antitrust*, 2005, Bologna: il Mulino, p. 234 ss.

strategica, per attenuare la concorrenza *interbrand*. In un mercato in cui tutti i distributori sono *exclusive dealing* e si diversificano per la loro localizzazione, i consumatori sostengono dei costi di ricerca più elevati rispetto al caso in cui più prodotti sono venduti nel medesimo negozio. Ciò scoraggia i clienti ad effettuare delle comparazioni fra prodotti di marche diverse, limitando la *interbrand competition* ed innalzando i profitti dell'industria[25].

Accordi di acquisto esclusivo, inoltre, potrebbero essere utilizzati quale espediente per facilitare fenomeni collusivi nel mercato a monte, in quanto impediscono ai rivenditori di rispondere ad eventuali migliori offerte formulate da altre imprese, ostacolando l'adozione di comportamenti devianti da parte dei membri di un cartello o, comunque, di un oligopolio incline a derive collusive.

In merito ai potenziali guadagni di efficienza, gli accordi di acquisto esclusivo potrebbero rappresentare uno strumento per assicurarsi gli sforzi promozionali dei distributori, così da realizzare una miglior penetrazione commerciale. Un distributore che commercializza diversi prodotti, infatti, ripartisce i propri sforzi promozionali in maniera tale che, per ciascun prodotto, il ricavo marginale eguagli il costo dello sforzo sostenuto. Un produttore, pertanto, potrebbe ricorrere ad un contratto di acquisto esclusivo per canalizzare gli sforzi del distributore esclusivamente sui propri prodotti[26].

In secondo luogo, ove il produttore abbia effettuato investimenti per migliorare la capacità distributiva dei rivenditori, un impegno giuridico di esclusiva può prevenire fenomeni di *free riding* da parte dei fornitori concorrenti, che potrebbero avvalersi dei medesimi canali commerciali, approfittando degli sforzi altrui. In assenza della protezione offerta da un vincolo di esclusiva, il rischio di *free riding* da parte di produttori concorrenti, potrebbe indurre le imprese ad effettuare un livello subottimale di investimenti nella fase distributiva[27].

Qualora, poi, un'impresa debba effettuare ingenti investimenti specifici al fine di soddisfare le esigenze di uno o più clienti determinati, un impe-

---

[25] *Besanko* e *Perry* hanno elaborato un modello caratterizzato dalla presenza di due fornitori di prodotti differenziati e da distributori spazialmente differenziati. Assumendo che per ciascun consumatore entrare in un punto vendita sia libero ma costoso, hanno dimostrato che l'*exclusive dealing* permette ai fornitori di fissare un prezzo all'ingrosso più elevato grazie all'assenza della competizione fra marche diverse all'interno dei punto vendita (in *store interbrand competition*) e ai risparmi di costi derivanti dalla riduzione del numero di dettagliati per ogni marca. Cfr. VEROUDEN V., *Vertical Agreements: Motivation and Impact*, in "Competition law and policy" (*a cura di* A.A.V.V.), 2009, American Bar Association, vol. 3, p. 1813.

[26] Cfr. *ivi*, p. 1822.

[27] Cfr. DOBSON W. P. e WATERSON M., *Vertical restraints and competition policy*, Research Paper 12, in <www.oft.gov.uk/shared_oft/reports/comp_policy/oft177.pdf>, 1996, p. 16.

gno d'acquisto esclusivo può rappresentare uno strumento per assicurare il produttore circa l'effettivo recupero degli esborsi, prevenendo comportamenti opportunistici da parte degli acquirenti.

L'accertamento dell'impatto anticoncorrenziale degli accordi di acquisto esclusivo postula un'indagine a compasso allargato, che tenga conto di un vasto novero di circostanze, attinenti al contesto economico e giuridico rilevante. In ogni caso, perché la pratica minacci di pregiudicare la concorrenza, è necessario il concorso di alcune condizioni di carattere strutturale, che consentono di distinguere, ad un primo esame, le pratiche potenzialmente pericolose da quelle tendenzialmente inoffensive.

Anzitutto, al fine di stabilire il grado di chiusura del mercato, assume rilievo pregiudiziale, il numero di operatori attivi sul mercato. Tanto più il numero di operatori già insediati è ridotto, tanto più gli effetti di chiusura del mercato sono pregiudizievoli, perché il grado di concorrenza complessivo del mercato sarà ancora più affievolito.

D'altra parte, è possibile che un mercato, pur non avendo disponibilità di sbocchi per nuovi entranti, annoveri comunque un numero di attori tale da garantire un livello competitivo sufficiente[28]. Ciò posto, la portata escludente di un vincolo di esclusiva dipende da una serie di fattori, tra i quali assumono rilievo:

• La quota del mercato a valle vincolata dall'accordo, o dal complesso di intese simili;

• L'esistenza di barriere all'entrata nel settore distributivo, che precludono l'ingresso di nuovi rivenditori;

• La durata dell'accordo. Se il contratto ha una scadenza ravvicinata, o le parti possono recedere con un brevissimo preavviso, i produttori concorrenti hanno l'opportunità di competere, stipulando nuovi contratti coi distributori.

In chiave strategica, gli accordi di acquisto esclusivo potrebbero essere utilizzati per assecondare fenomeni collusivi o, comunque, per affievolire l'intensità della concorrenza *interbrand*. Tuttavia, tale rischio appare concreto se:

• La pratica sia sufficientemente diffusa, così da interessare una quota consistente dei fornitori e dei distributori;

• Il mercato a monte sia incline a derive collusive o scarsamente concorrenziale.

---

[28] Cfr. FATTORI P. e TODINO M., *La disciplina della concorrenza in Italia*, 2010, Bologna: il Mulino, pp. 132-133.

2.2.2. Il *tie-in*

Il *tie-in* è la vendita o la concessione in godimento di un bene o di un servizio (*tying product* o prodotto legante) sotto la condizione che il cliente affitti o compri un altro bene o servizio (*tied product* o prodotto legato) che potrebbe, invece, essere venduto separatamente.

Il tradizionale sospetto manifestato dalle autorità *antitrust* nei confronti del *tie-in* nasce dal timore che la pratica, determinando un effetto di interdizione dei concorrenti operanti in un mercato contiguo a quello in cui un'impresa già detiene un sensibile potere economico, consenta a quest'ultima di estenderlo anche a detto secondo mercato. L'assunto è stato sviluppato dalla teoria della leva (c.d. *levarage theory*), a tenore della quale, subordinando l'alienazione di un prodotto all'acquisto di un altro, un'impresa egemone può estendere il suo potere monopolistico da un mercato ad un altro.

Gli effetti ipotizzati dalla teoria della leva, conducono a considerare tale pratica come fortemente dannosa perché vengono lesi contemporaneamente i diritti dei consumatori, cui viene imposto il prodotto ad un prezzo superiore a quanto valga e viene ristretta la libertà di scelta, e la concorrenza, che è esclusa dalla competizione non per merito, ma in virtù dell'effetto leva[29].

La teoria della leva è stata oggetto di forti critiche, specie da parte della c.d. scuola economica di Chicago che ha contrapposto la teoria dell'invarianza o del c.d. *"fixed sum argument"*. Essa sostiene che il monopolista non ha alcun incentivo ad acquistare una posizione di forza in un diverso ambito merceologico, in quanto l'ammontare dei sovraprofitti che il suo potere di mercato gli consente d'incamerare rappresenta una somma fissa, che può essere allocata diversamente tra i due prodotti legati, ma non accresciuta, tramite il *tie-in*, nel suo ammontare complessivo[30]. La motiva-

---

[29]Cfr. BRASSARD R. J., *Tying Arrangements: Requisite Economic Power, Promotional Ties and the Single Product Defense*, in "Boston College Law Review", 1970, vol. 11, issue 2, p. 307.

[30] Secondo la teoria del *fixed sum argument*, il consumatore nelle sue scelte fa riferimento al prezzo unitario, indipendentemente dai prezzi dei singoli beni: non è rilevante se variano i rapporti di costo tra le singole componenti, l'importante è che il costo finale sia il più contenuto sul mercato. Riducendosi il *tie-in* ad una modificazione interna degli addendi, che lascia invariata la somma, il risultato ottenuto non è un incremento dei profitti.

Areeda e *Turner* (1978) hanno accettato la critica della scuola di Chicago alla *levarage theory*. Gli AA. confermano che un'impresa con un potere di mercato nel *tying product* potrebbe fissare un prezzo superiore per il *tied product* soltanto attraverso una corrispondente riduzione del prezzo del *tying product*. In caso contrario, un soggetto razionale non effettuerebbe l'acquisto. Essi, pertanto, sostengono che l'acquirente del *tied product* non "venga ferito" da un sovraccarico. Cfr. HOVENKAMP H. J., *Harvard, Chicago, and transaction cost economics in antitrust analysis*, University of Iowa, College of

zione per l'adozione della pratica, quindi, non può essere il *leverage*, bensì va cercata altrove.

La moderna teoria dell'organizzazione industriale ha evidenziato che il *fixed sum argument* è valido esclusivamente in presenza di determinate condizioni: al di fuori delle specifiche ipotesi sulle quali si basa la teoria elaborata dagli studiosi di Chicago, l'estensione del potere monopolistico da un mercato all'altro può cagionare effetti pregiudizievoli sul piano sociale, consentendo all'impresa di accrescere o di preservare i profitti sovraconcorrenziali incamerati in uno o più ambiti[31].

Il *tie-in*, inoltre, potrebbe essere impiegato, in senso strategico, per innalzare barriere all'ingresso nel mercato del prodotto legante o di entrambi i beni o servizi venduti congiuntamente[32]. La necessità di operare, al contempo, in due ambiti merceologici può impedire o, comunque, scoraggiare l'ingresso dei rivali, perché costringe a reperire maggiori risorse finanziarie per intraprendere l'attività e aumenta i rischi connessi all'entrata, soprattutto in industrie dinamiche, ove la principale modalità per stabilirsi nel mercato è la realizzazione di prodotti innovativi, a seguito di sostanziali investimenti in ricerca e sviluppo[33].

D'altro canto, l'utilizzo delle clausole leganti potrebbe essere giustificato da legittime esigenze commerciali. Un produttore potrebbe impiegare il *tie-in* come strumento per realizzare risparmi di costo, sfruttando le economie di gamma derivanti dalla produzione o dalla distribuzione congiunta dei due beni o servizi, ovvero per assicurarsi della qualità e dell'affidabilità dei prodotti utilizzati dagli acquirenti, in combinazione con i propri, al fine

---

Law 2010, n. 10-35, p. 4.

[31] Se, infatti, ai sostenitori della teoria della leva si può imputare la mancata considerazione del fatto che l'unione dei due prodotti debba comunque riuscire a competere sul mercato, impedendo quindi un aumento indiscriminato dei prezzi di due prodotti combinati, i teorici della scuola di Chicago, che propugnano il *fixed sum argument*, non considerano che la loro analisi si ferma alle immediate conseguenze e non valuta gli sviluppi successivi.
I *tying-contracts*, infatti, possono influire sia sull'estrazione del profitto monopolistico, che si realizza a breve termine, e deve quindi essere oggetto di un'analisi economica statica, sia sulla creazione di un secondo monopolio, che si realizza a medio-lungo periodo, e dovrà quindi essere valutata mediante un'analisi dinamica.

[32] *Whinston* (1990) ha elaborato un modello teorico che spiega l'uso del *tie-in* come deterrente all'ingresso nel mercato del prodotto legato. Esso considera che: a) A e B sono due beni indipendenti; b) M è un monopolista nel mercato A e deve fronteggiare, nel mercato B, la concorrenza potenziale di un nuovo entrante E, che non ha ancora sostenuto un costo fisso di ingresso. Secondo l'A, il *tie-in* rende il monopolista (M), *de facto*, più aggressivo e scoraggia il rivale ad entrare sul mercato. Il *tie-in*, pertanto, contrariamente a quanto sostenuto dalla scuola di Chicago, può accrescere il profitto complessivo del monopolista. Per una spiegazione analitica del modello si v. RAY P. e TIROLE J., *A Primer on Foreclosure*, Handbook of Industrial Organization (*a cura di* ARMSTRONG M. e PORTER R.), 2003, p. 47 ss.

[33] Cfr. FAELLA G., *Le intese verticali, op. cit.*, p. 120.

di tutelare la sua reputazione commerciale.

Inoltre, le clausole leganti potrebbero rappresentare uno strumento per ridurre l'incertezza circa il livello della domanda, ovvero per contenere i costi di transazione, che sarebbero sostenuti da produttori e clienti nella negoziazione di contratti distinti per ciascun bene o servizio.

Infine, il *tie-in* potrebbe essere utilizzato per attuare forme di *price discrimination*, modulando il prezzo complessivo dei due prodotti in relazione inversa all'elasticità della domanda dei clienti[34].

In conclusione, l'impatto concorrenziale della pratica non è determinabile *a priori*, bensì dipende dal contesto economico e giuridico rilevante in cui si inserisce.

È possibile individuare le precondizioni la cui presenza è necessaria perché il pericolo di un effetto escludente assuma concretezza, prestando attenzione, oltre al potere di mercato sul prodotto legante, presupposto principale dell'utilizzo in senso anticompetitivo della pratica, a due fattori.

In primo luogo interessa la portata della *foreclosure*, che rappresenta il grado in cui il *tie-in* nega l'accesso ai rivali, indicato dalla quota di mercato coperta dalla pratica in esame.

Analogo peso assume la quota di mercato collettiva coperta da accordi dello stesso tipo posti in essere da diversi produttori: l'effetto di chiusura del mercato per il *tied product* è infatti sostanzialmente lo stesso sia ove un singolo produttore copra il 90% del mercato che nel caso in cui tre produttori vincolino ciascuno il 30% del mercato. Tuttavia, anche un *tie-in* che copra una larga percentuale del mercato non è anticompetitivo se l'entrata in entrambi i mercati è agevole.

È necessario infatti che esista un qualche impedimento che prevenga l'entrata in uno dei mercati e così possa essere adoperato per restringere la concorrenza nell'altro mercato, perché il pericolo delle barriere all'entrata e della *foreclosure* assuma consistenza[35].

---

[34] Si ipotizzi che la disponibilità dei clienti a pagare per l'acquisto di un bene durevole (ad esempio, una macchina fotografica) sia approssimativamente proporzionale all'intensità del suo utilizzo, indicata dal consumo di un prodotto complementare (nella specie, la carta). In tale scenario, i produttori potrebbero adoperare il *tie-in* quale *metering device* (strumento di monitoraggio), osservando il consumo del bene complementare per stimare l'intensità dell'utilizzo di quello primario e, quindi, l'elasticità della domanda del cliente. Il produttore potrebbe ridurre il prezzo del prodotto primario a livelli concorrenziali ed aumenta, al contempo, quello del bene secondario, in modo da praticare un prezzo complessivo più elevato agli acquirenti con domanda anelastica, che utilizzano intensamente il prodotto legato. Gli effetti di tale forma di *price discrimination*, attuata mediante *tie-in*, sono ambigui: ai guadagni di efficienza derivanti dalla riduzione del prezzo del prodotto primario si contrappongono le distorsioni generate dalla contrazione del consumo del bene secondario.
[35] ROMANO A., *Restrizioni verticali e tutela della concorrenza nel settore della moda*, Tesi di laurea, 2008/2009, Facoltà di Economia, Luiss, pp. 90-91.

3. La disciplina delle intese nel diritto comunitario

3.1. L'art. 101 del TFUE

L'art. 101 del Trattato sul funzionamento dell'Unione europea (TFUE), al par. 1, dichiara incompatibili con il mercato interno, vietandoli, tutti gli accordi fra imprese, le decisioni di associazioni tra imprese e le pratiche concordate che possono pregiudicare il commercio fra gli Stati membri e che abbiano per oggetto o per effetto di impedire, restringere o falsare la concorrenza nel mercato interno, prevedendo, in modo esemplificativo e non esaustivo, determinate fattispecie sicuramente anticompetitive.

Il par. 2 della norma dichiara nulli (di pieno diritto) gli accordi o le decisioni vietati.

Il par. 3 dichiara inapplicabili le disposizioni del par. 2 quando gli accordi contribuiscono "a migliorare la produzione o la distribuzione dei prodotti o a promuovere il progresso tecnico o economico, pur riservando agli utilizzatori una congrua parte dell'utile che ne deriva".

Alla luce di quanto previsto dall'art. 101.1 del TFUE, i connotati della fattispecie intesa sono dunque tre:

- L'esistenza di due o più imprese indipendenti;
- Il coordinamento di fatto, cosciente e volontario, dell'attività di più imprese indipendenti;
- La produzione di una restrizione della concorrenza di rilievo comunitario.

3.1.1. L'esistenza di due o più imprese indipendenti

Il primo elemento della fattispecie è costituito dalla partecipazione di più imprese indipendenti. Questo elemento, come sempre accade nel diritto *antitrust*, va ricostruito in termini sostanzialistici, per cui non importa il dato formale della struttura giuridica dell'atto[36]: anche un atto unilaterale in

---

[36] Cfr. LIBERTINI M., *Le intese restrittive della concorrenza*, in "Manuale di diritto privato europeo" (*a cura di* CASTRONOVO C. e MAZZAMUTO S.), 2007, Milano: Giuffrè. Infatti comportamenti unilaterali possono essere l'indice, o il momento esecutivo, di un'intesa sottostante, dalla quale sono programmati, o nell'ambito della quale vengono accettati come indicazioni di comportamento, a cui altre imprese si uniformano. Quindi per poter costituire un accordo ai sensi dell'art. 101.1 TFUE è sufficiente che un atto o un comportamento apparentemente unilaterale sia espressione della comune volontà di almeno due parti, non essendo di per sé determinate il modo con cui tale comune volontà si manifesta; v. Corte di Giustizia, sent. del 13 luglio 2006, *Commissione delle Comunità europee* c. *Volkswagen AG*, causa C-74/04, in *Raccolta*, 2006, p. I-06585. Si v., anche, Corte di Giustizia, sent. del 11 gennaio 1990, *Sandoz*, causa C-227/87, in *Raccolta*, 1990, I, p.45, in cui la sussi-

senso giuridico (ad se.: un recesso, l'esercizio di un diritto di opzione) può un essere indizio rilevante della presenza di un'intesa, espressa o tacita, e come tale ricadere nella portata del divieto.

Per quanto concerne il requisito dell'indipendenza è fuori di dubbio che questa debba sussistere, anzitutto sul piano giuridico. Il problema che si pone è se l'indipendenza giuridica, oltre che rappresentare una *conditio sine qua non*, è anche sufficiente perché possa riconoscersi la fattispecie dell'intesa, oppure sia necessario individuare anche un'indipendenza economico-organizzativa dei due soggetti.

A tal proposito sembra ovvio che si possa parlare di un'intesa solo se si è di fronte ad una convergenza di volontà, la quale presuppone l'esistenza di almeno due centri decisionali autonomi. La mancanza di indipendenza economico-organizzativa si realizza quando un'impresa riesce ad esercitare un'influenza dominante[37] su un'altra[38]. Non necessariamente questo potere deriva all'impresa dominante da una posizione di controllo azionario: nell'ipotesi in cui una società sia azionista di minoranza di una società, ma eserciti, ciononostante, un controllo effettivo su di essa, sembra ipotizzabile che le due società possano essere considerate come non concorrenti ed i loro rapporti ricadere fuori dall'art. 101.1 TFUE. Il controllo può, ovviamente, anche derivare da un'intensa relazione contrattuale, ad esempio di fornitura. In passato si è dubitato che nelle intese verticali le imprese coinvolte e, in particolare, i distributori, avessero un'effettiva libertà comportamentale. Quando il produttore crea una propria "rete" di imprese per la distribuzione, i rivenditori tendono a rinunciare all'indipendenza strategica

---

stenza dell'accordo è stata dedotta da una "clausola contrattuale", ricavata dall'apposizione di una dicitura "esportazione vietata" in fattura e dalla successiva "acquiescenza" dei destinatari della fattura stessa.

[37] SIMONINI G.F., *Accordi verticali limitativi della concorrenza ed indipendenza del distributore*, in "Diritto comunitario e degli scambi internazionali", 2011, vol. 1, p. 139, secondo cui se il comportamento di mercato di un'impresa è indotto (direttamente od indirettamente) dall'influenza dominante di un'altra impresa, le imprese operano sul mercato come se fossero una sola e la loro relazione non può essere esaminata sotto il profilo dell'art. 101 TFUE, non essendo ipotizzabile un accordo formato in modo unilaterale. Nell'ipotesi considerata si realizza, infatti, un unico comportamento, eventualmente valutabile sotto il profilo dell'art. 102 del TFUE.

[38] Ciò porta a considerare al di fuori della nozione di intesa gli eventuali programmi di coordinamento che si stabiliscono all'interno di un gruppo societario (cioè di un insieme di società soggette a direzione e coordinamento comune da parte di una *holding*). Si deve, però, considerare che la presenza di una *holding* (cioè di una situazione di controllo societario) non necessariamente comporta una direzione imprenditoriale comune di tutte le società del gruppo. Possono aversi, infatti, diverse scelte organizzative, come ad esempio quella per cui la *holding* si limita ad una razionale gestione finanziaria delle partecipazioni, senza entrate nel campo della direzione gestionale; o quella per cui il gruppo è articolato con la presenza di più *subholding* di settore, che godono di autonomia decisionale. Si deve, dunque, decidere in base alla situazione di fatto all'interno del gruppo. Cfr. LIBERTINI M., *op. cit.*, p. 192.

e a operare secondo la politica raccomandata dal produttore. Questo atteggiamento è favorito, da una parte, dalla disparità di forza economica tra produttore e distributore e dalla frequente incapacità di quest'ultimo di operare una diversificazione degli investimenti in tempi brevi (*switching cost*) e, dall'altra, dalla sua integrazione nel sistema distributivo del produttore[39].

La questione è stata sollevata dal Governo italiano che, in un causa davanti alla Corte di Giustizia risalente al 1966[40], faceva rilevare che nella relazione verticale tra produttore e distributore vi è una mancanza naturale di indipendenza di quest'ultimo. Esso, pertanto, concludeva che le intese verticali avrebbero dovuto essere escluse dall'ambito di applicazione dell'art. 101.1 del TFUE (allora art. 85 TCE).

Nella causa in esame, la Corte ha rilevato che "ne il tenore dell'articolo 85 ne quello dell'articolo 86 giustificano una siffatta delimitazione della sfera d'applicazione degli articoli stessi in base alla posizione delle imprese nei vari stadi economici. Né l'uno né l'altro articolo fa distinzione tra operatori concorrenti allo stesso stadio e operatori non concorrenti che agiscono in fasi diverse".

La posizione del nostro Governo partiva da un'eccessiva generalizzazione, non considerando che l'effettiva debolezza relazionale del distributore nei confronti del produttore dovesse essere considerata caso per caso: il problema non si pone in termini generali, ma specifici.

Attualmente non si dubita più che una relazione verticale rientri nell'ambito di applicazione dell'art. 101.1 del TFUE, tanto che, come vedremo, ad essa sono stati dedicati regolamenti di esenzione per categoria.

3.1.2. Il coordinamento dell'attività di più imprese indipendenti

L'ampia formulazione dell'art. 101.1 TFUE comprende gli accordi, le pratiche concordate e le decisioni di associazioni di imprese[41] ed assicura alla Commissione europea la possibilità di sanzionare "qualsiasi forma di coordinamento sul mercato fra imprese"[42].

---

[39] Cfr. SIMONINI G.F., *Accordi verticali limitativi della concorrenza ed indipendenza del distributore*, op. cit., p. 133.

[40] Corte di Giustizia, sent. del 13 luglio 1966, *Repubblica italiana* c. *Consiglio della Comunità economica europea e Commissione della Comunità economica europea*, causa C-32/65, in *Raccolta*, 1966.

[41] Nel concetto di impresa vanno ricomprese tutte le entità impegnate in una attività economica, a prescindere dal loro *status* legale e dalle modalità con cui sono finanziate. Cfr. Corte di Giustizia, sent. del 23 Aprile 1991, *Klaus Hofner e Fritz Elser* c. *Macrotron Gmbh*, causa C-41/90, in *Raccolta*, 1991, p. I-01979. Per un approfondimento della nozione di impresa v. DRAETTA U. e PARISI N., *Elementi di diritto dell'Unione Europea*, Milano: Giuffrè, 2010, p. 195.

[42] In questo modo si riescono a colpire anche comportamenti difficili da considerare come un accordo: si pensi al caso di un''impresa che informa anticipatamente i concorrenti della propria

Accordo - La nozione di accordo di cui all'art. 101.1 del TFUE è molto ampia, ricomprendendo qualsiasi forma di consenso tra le parti in merito alle loro future condotte[43]. È sufficiente che sia manifestata in qualche modo la comune volontà di due o più imprese indipendenti di intraprendere sul mercato una certa condotta piuttosto che un'altra. L'accordo può, perciò, realizzarsi sia in forma scritta che verbalmente e, nel primo caso, può anche non essere sottoscritto[44]. È, dunque, rilevante la presenza di un comportamento allineato tra più imprese purché sia (e costituisca) la fedele espressione della volontà delle parti mentre il modo di manifestarsi dell'accordo è indifferente[45].

Occorre anche rilevare che un accordo non deve necessariamente concretizzarsi in un contratto giuridicamente vincolante[46] [47]. Sono stati così qualificati accordi i c.d. *"gentlemen's agreements"*[48]. Essi si caratterizzano per il fatto di costituire, sul piano sociale, un accordo perfetto e si differenziano, tuttavia, dai contratti giuridicamente vincolanti perché prevedono, esplicitamente o implicitamente, che le parti non si rivolgeranno al giudice in caso di violazione dell'accordo medesimo[49].

Sono irrilevanti, sotto il profilo della violazione del divieto delle intese, la validità e l'efficacia giuridica dell'accordo. Anzi, il contratto in violazione

---

futura politica commerciale, consentendo loro di adeguarsi.

[43] La giurisprudenza comunitaria ha fatto riferimento, negli anni Settanta, al concetto di "comune volontà di comportarsi sul mercato in un determinato modo". Cfr. Corte di Giustizia, sent. del 15 luglio 1970, ACF *Chemiefarma NV* c. *Commissione delle Comunità europee*, causa C-41/69, in *Raccolta*, 1970, p. 661.

[44] Corte di Giustizia, sent. del 20 giugno 1978, *Tepea BV* c. *Commissione delle Comunità europee*, causa C-28/77, in *Raccolta*, 1978, p. 1391.

[45] SIMONINI G.F., *Accordi verticali limitativi della concorrenza ed indipendenza del distributore*, op. cit., p.125.

[46] L'opzione per un concetto a "compasso allargato" deriva dalla considerazione pratica che gli obiettivi della legislazione anticoncorrenziale sarebbero messi seriamente a repentaglio se il semplice espediente di celare ogni forma di collusione sotto atti e comportamenti privi di rilievo formale consentisse alle imprese di sottrarsi alla reazione degli organi comunitari o delle singole Autorità *antitrust* operanti negli Stati membri. Cfr. PARDOLESI R., *Intese restrittive della libertà di concorrenza*, in "La concorrenza" (*a cura di* FRIGNANI A. e PARDOLESI R.), *2006*, Torino: Giappichielli, p. 36.

[47] Anche la legge italiana in materia (art. 2, l. n. 287/1990) non parla di contratto bensì di accordo.

[48] Parimenti sono qualificati accordi, quelli interprofessionali stipulati nell'ambito di un ente di diritto pubblico: cfr. Corte di Giustizia, sent. del 30 gennaio 1985, *BNIC* c. *Clair*, causa C-123/83, in *Raccolta*, p. 391; gli accordi transattivi di controversie giudiziali: cfr. Corte di Giustizia, sent. del 27 settembre 1988, *Bayer*, causa C-65/86, in *Raccolta*, p. 5249; una comunicazione inviata dal produttore ai distributori e sottoscritta da questi ultimi: cfr. Corte di Giustizia, sent. del 12 luglio 1979, *BMW*, causa C-32/78 e 36-82/78, in *Raccolta*, p. 2435.

[49] La violazione sarà sanzionata sul terreno della riprovazione sociale, operante in un certo ambiente che, in certi casi, è in grado di costituire un deterrente più efficace di una condanna giudiziaria.

del divieto delle intese è, per definizione, nullo (art. 101.2 TFUE). Come già detto è, dunque, irrilevante la forma dell'accordo, così come non ha importanza che esso sia stato concluso, o meno, da soggetti muniti di potere di rappresentanza e neanche la durata dell'accordo, stabilita dalle parti[50].

Pratica concordata - L'espressa previsione delle pratiche concordate fra le intese di cui all'art. 101.1 del TFUE è tesa a riportare nell'alveo delle norme *antitrust* del Trattato tutte le forme di concertazione fra imprese, che nella maggior parte dei casi non sono volutamente caratterizzate da accordi formalizzati o da decisioni di associazioni di imprese.

È estremamente complessa la possibilità di discernere se le imprese, nel mercato di riferimento, pongano in essere accordi propriamente detti ovvero pratiche concordate. Il Trattato, a riguardo, non offre una definizione di pratica concordata, la cui origine è pressoché giurisprudenziale.

La nozione è stata da sempre controversa per la difficoltà di individuare con esattezza quelle forme di coordinamento e collaborazione fra le imprese che, pur non integrando tutti gli estremi di un accordo, consentano di prevedere il comportamento di altri operatori sul mercato, falsando, o comunque riducendo, il rischio proprio di ciascuna scelta commerciale. La tradizionale definizione del concetto di pratica concordata, offerta dalla Corte di Giustizia, si sostanzierebbe in una "forma di coordinamento dell'attività delle imprese che, senza essere stata spinta fino all'attuazione di un vero e proprio accordo, costituisce una consapevole collaborazione fra le imprese stesse a danno della concorrenza"[51].

Affinché il comportamento assunto dall'impresa integri gli estremi di una pratica concordata con altre imprese, dovrà sussistere una forma fattuale di coordinamento tra imprese[52], raggiunto attraverso un contatto diretto o indiretto fra le stesse e avente come oggetto (termini dell'intesa o scopo perseguito nell'intesa) o come effetto (conseguenza restrittiva della concorrenza nel contesto economico e giuridico nel quale operano le imprese interessate) di influenzare la concorrenza nel mercato di riferimento.

Conseguentemente non sarà necessario che la pratica concordata produca effetti distorsivi sul mercato, risultando sufficiente anche la sola previsione dell'oggetto anticoncorrenziale. Ciò vuol dire che va accertata la concertazione – di cui la Commissione europea dovrà dare prova - mentre

---

[50] In diversi casi una condanna è stata irrogata sulla base della prova di un accordo già scaduto o risolto, che però risultava ancora rispettato nella prassi.

[51] Corte di Giustizia, sent. del 14 luglio 1972, *ICI*, causa C-48/69, in *Raccolta*, 1972, p. 619 ss.

[52] Per tale natura essenzialmente fattuale, la loro esistenza costituisce oggetto di non facile attività di rilevazione, attraverso riscontri legati dalla convergente azione dei partecipanti.

potrà presumersi l'attuazione della stessa da parte delle imprese interessate, cui spetterà fornire prova del contrario.

Frequentemente una pratica concordata si verifica in presenza di un parallelismo di comportamenti tra imprese indipendenti[53]: in questo caso configurerebbe un'intesa orizzontale.

Pratiche concordate sono rinvenibili anche con riferimento alle intese verticali. Ad esempio, è stata qualificata pratica concordata la cooperazione tra un fabbricante e un distributore volta a individuare l'origine di un'importazione parallela, essendo tale condotta finalizzata a impedire le esportazioni e a proteggere il sistema distributivo dalla competizione di prezzo[54].

Possono inoltre darsi pratiche concordate verticali (ma con effetti orizzontali) qualora i produttori adottino una serie di politiche comuni volte ad indirizzare le scelte strategiche dei distributori in modo tale da favorire una minore indipendenza e aggressività nei rispettivi mercati della commercializzazione. Questa attività consentirebbe, infatti, di eseguire un monitoraggio più accurato su prezzi e volumi di vendita praticati da ciascuno dei produttori.

Allorché sia configurabile una doppia qualificazione del comportamento delle aziende (se, cioè, lo stesso presenti taluni elementi propri dell'accordo ed altri caratteristici della pratica concordata), non sarà necessario per la Commissione[55] – ai fini probatori – dimostrare se si tratti di un accordo o di una pratica concordata, essendo sufficiente provare che il comportamento anticoncorrenziale in oggetto ricada nell'ambito generale del divieto di cui all'art. 101.1 TFUE[56].

---

[53] Benché il parallelismo di comportamenti non possa identificarsi con la pratica concordata, esso può costituirne un serio indizio, qualora determini condizioni di concorrenza che non corrispondono a quelle normali del mercato, tenuto conto della natura dei prodotti, dell'entità e del numero delle imprese, della struttura, delle condizioni e del volume del mercato stesso. Cfr. GHEZZI F. et al., *La disciplina delle intese nel diritto comunitario della concorrenza. Un commento all'art. 81 del Trattato*, in <http://www.antitrustisti.net>, p. 61.

[54] Tribunale di Primo Grado, sent. del 7 luglio 1994, *Dunlop Slazenger*, causa T-43/92, in *Raccolta*, p. II-441.

[55] La Commissione rinuncia, frequentemente, per praticità, in alcune decisioni, a differenziare l'accordo dalla pratica concordata, mentre in altre opera distinzioni per l'intensità e la forma in cui si manifestano: nell'accordo prevale il fattore soggettivo, la volontà; nella pratica concordata il fattore oggettivo, la condotta sul mercato.

[56] Cfr. Tribunale di Primo Grado, sent. del 24 ottobre 1991, *Phone-Poulenc*, causa T-1/89, in *Raccolta*, 1991, p. II-867 ss., dove si assume che un'infrazione complessa, costituita da un'azione continuata, caratterizzata da un'unica finalità e composta ad un tempo da elementi che vanno qualificati "accordi" e da elementi da qualificare "pratiche concordate", può essere qualificata "accordo e pratica concordata", senza che sia richiesta simultaneamente e cumulativamente la prova che ciascuno di tali elementi di fatto possieda gli elementi costitutivi di un accordo o di una pratica con-

Decisioni di associazioni di imprese - Le associazioni di imprese svolgono, in linea di principio, un importante ruolo di stimolo al miglioramento dell'efficienza dei mercati, in quanto consentono di raggiungere più facilmente obiettivi che, da sole, le singole imprese non riuscirebbero a realizzare. In taluni casi, tuttavia, proprio per il fatto di favorire l'incontro fra gli aderenti, possono costituire l'occasione per la definizione ed attuazione, da parte degli associati, di accordi restrittivi della concorrenza, ovvero essere un mezzo di coordinamento dei rispettivi comportamenti nel mercato, in violazione della disciplina della concorrenza.

Ciò spiega perché il campo di applicazione dell'art. 101.1 TFUE non è limitato agli accordi fra imprese, ma si estende anche ai casi in cui l'azione delle imprese venga coordinata per il tramite di un'associazione, che può essere costituita, oltre che da associazioni di categoria, anche da altre entità, come gli stessi consigli dell'ordine degli avvocati, architetti e così via.

Tale forma di coordinamento avviene mediante "decisioni", la cui nozione è stata interpretata in senso ampio, in modo da includervi anche raccomandazioni non vincolanti, ogniqualvolta l'adesione tacita alle misure oggetto della raccomandazione, da parte dei membri dell'associazione, sia destinata a produrre un rilevante effetto sulla concorrenza.

3.1.3. La restrizione della concorrenza di rilievo comunitario

La norma, sul piano testuale, riferisce il divieto a tutte le intese che "possono pregiudicare il commercio fra gli Stati membri e che abbiamo per oggetto o per effetto di impedire, restringere o falsare il gioco della concorrenza all'interno del mercato interno". Questa disposizione pone tre ordini di problemi:

• La distinzione fra intese vietate per oggetto e intese vietate per effetto;

• La determinazione della soglia di rilevanza comunitaria;

• La determinazione dell'alterazione comunitaria vietata.

In merito alla prima problematica, oggetto ed effetto vanno intesi come parametri alternativi e non cumulativi. La Corte ha avuto modo di precisare che solo quando l'oggetto dell'accordo non è chiaro si deve guardare ai suoi effetti sulla dinamica concorrenziale[57]. Quando non è possibile stabile se l'oggetto di un accordo sia, come tale, quello di restringere la con-

---

cordata.
[57] Cfr. Corte di Giustizia, sent. del 30 giugno 1966, *STM*, causa C-56/65, in *Raccolta*, p. 262.

correnza[58], si rende necessario condurre un'analisi dei suoi effetti sul mercato[59].

Ai fini della determinazione della soglia di rilevanza comunitaria bisogna considerare il requisito del "pregiudizio al commercio fra Stati membri". Questo può essere misurato mediante una previsione della probabilità dell'influenza diretta o indiretta, potenziale o attuale, di un'intesa sul commercio tra gli Stati membri[60], oppure prendendo in considerazione ogni modifica di ordine strutturale che essa comporti sulla concorrenza nel mercato interno.

È appena il caso di segnalare che, qualora dovessero interferire sulla concorrenza misure statali, volte a limitare l'autonomia decisionale delle imprese, le stesse non saranno responsabili della violazione delle norme *antitrust* ed i loro comportamenti non ricadranno nel campo di applicazione dell'art. 101.1. del TFUE.

Con riguardo all'ultima questione, il dato testuale dell'art. 101.1 del TFUE non offre un preciso supporto testuale. La Commissione ha, tuttavia, interpretato estensivamente le previsione secondo cui un'intesa è vietata in quanto abbia "per oggetto o per effetto di impedire, restringere o falsare il gioco della concorrenza all'interno del mercato interno". L'effetto restrittivo della concorrenza "all'interno del mercato interno" è stato inteso nel senso che esso è rilevante solo se in qualche modo incide sul funzionamento dell'interno mercato interno[61]. Sulla base di questa interpretazione

---

[58] La circostanza che un'intesa non abbia un oggetto collusivo non esclude che essa possa produrre effetti anticoncorrenziali, volti ad influire negativamente sul mercato interno. In tal caso sarà necessaria l'analisi della singola fattispecie, ponderando il grado di incidenza su una determinata situazione di mercato, ben potendo essere considerata lecita in un caso ed illecita in un altro. Cfr. MEROLA F. L. e STILE M. T., *Accordi internazionali fra imprese*, Torino: Giappichelli, 2011, p. 70.

[59] Cfr. DRAETTA U. e PARISI N., *op. cit.*, p. 198. Diversamente cfr. LIBERTINI M., *op. cit.*, p. 199, secondo cui le massime giurisprudenziali vanno in certo modo capovolte: la prova dell'effetto concreto (effetto) è sufficiente ai fini dell'accertamento della violazione del divieto (quali che siano le caratteristiche negoziali, se ci sono, della fonte dell'effetto); ma il divieto può applicarsi anche in caso di effetto potenziale (oggetto). La massima ricorrente, secondo cui l'accertamento dell'oggetto è sufficiente, deve dunque intendersi riferita a situazioni in cui la fisionomia dell'accordo o di altro atto di autonomia, o anche solo di una certa prassi, rende prevedibile la produzione di effetti anticoncorrenziali futuri.

[60] Cfr. Corte di Giustizia, sent. del 30 giugno 1966, *STM*, causa C-56/65, in *Raccolta*, p. 262, dove si sostiene che "deve apparire ragionevolmente probabile, in base ad un complesso di elementi oggettivi di diritto o di fatto, che l'accordo eserciti un'influenza (…) tale da far temere che venga messa in pericolo la realizzazione di un mercato unico fra gli Stati membri. Sarà, cioè, sufficiente verificare che sussista un grado di probabilità adeguato dell'intesa ad incidere negativamente sul commercio, non risultando necessaria la realizzazione di un effetto concreto ed attuale su di esso.

[61] Pertanto si ritengono estranei al divieto delle intese gi accordi destinati a produrre effetti soltanto sui mercati esteri. Cfr. Corte di Giustizia, sent. del 28 aprile 1998, *Javico International e Javico AG c. YSLP*, causa C-306/96, in *Raccolta*, dove si sostiene che gli accordi contenti il divieto di vendere i

(ragionevole e condivisibile), una prima conseguenza riguarda l'inapplicabilità del divieto ad intese di breve durata (c.d. intese effimere), quali possono essere gli accordi di prezzo legati ad una singola occasione.

3.2. Gli accordi verticali che non rientrano nel campo di applicazione dell'art. 101 TFUE

3.2.1. Gli accordi di importanza minore

Gli accordi di importanza minore sono quelli che, non essendo suscettibili di pregiudicare in modo significativo gli scambi tra gli Stati membri o che non avendo per oggetto o per effetto quello di restringere in modo sensibile la concorrenza, non rientrano nell'ambito del divieto posto in essere dall'art. 101.1 del TFUE.

Mentre la comunicazione della Commissione, adottata nel 2004[62], individua i criteri per verificare se sia soddisfatto il requisito del pregiudizio agli scambi, quella del 2001[63] sugli accordi di importanza minore (*De Minimis*) identifica, invece, alcune categorie di accordi ritenuti non suscettibili di determinare restrizioni sensibili della concorrenza, ai sensi dell'art. 101.1 del TFUE.

In particolare, secondo la comunicazione *De Minimis* gli accordi verticali conclusi tra imprese, che non sono concorrenti effettivi o potenziali su nessuno dei mercati rilevanti interessati dall'accordo, non restringono sensibilmente la concorrenza ai sensi dell'art. 101.1 del TFUE, se la quota di mercato detenuta da ciascuna delle parti dell'accordo non supera il 15% su nessuno dei mercati interessati[64].

Quando sul mercato rilevante la concorrenza risulta limitata dall'effetto cumulativo di accordi relativi alla vendita di beni o servizi posti in essere

---

prodotti al di fuori del territorio contrattuale (la YSLP riscontrò la presenza nel Regno Unito, in Belgio e nei Paesi Bassi di prodotti venduti dalla *Javico* e che avrebbero dovuti essere distribuiti in Russia, in Ucraina e in Slovenia) non sono, per la loro stessa natura, vietati dall'art. 85, par. 1, del TCE, in quanto non possono essere considerati come aventi per scopo quello di limitare in maniera considerevole la concorrenza all'interno del mercato comune.

[62] Comunicazione della Commissione, in GUCE, 27 aprile 2004, *Linee direttrici la nozione di pregiudizio al commercio tra Stati membri di cui agli articoli 81 e 82 del trattato*, 2004/C 101/07.

[63] Comunicazione della Commissione, in GUUE, 22 dicembre 2011, *Comunicazione della Commissione relativa agli accordi di importanza minore che non determinano restrizioni sensibili della concorrenza ai sensi dell'articolo 81, paragrafo 1, del trattato che istituisce la Comunità europea (De Minimis)*, 2001/C 368/07.

[64] Per gli accordi verticali conclusi tra imprese concorrenti il trattamento *De Minimis* si applica se la quota di mercato aggregata detenuta dalle parti non supera il 10% su nessuno dei mercati interessati dall'accordo. Quando è dubbio se tra le imprese vi sia o meno un rapporto di concorrenza, la Commissione applica la soglia del 10%.

da più fornitori o distributori, le quote di mercato per il trattamento *De Minimis* sono pari al 5% sia per gli accordi tra concorrenti sia per quelli tra non concorrenti[65]. L'effetto cumulativo è, inoltre, considerato improbabile quando meno del 30% del mercato rilevante è coperto da reti di accordi paralleli aventi effetti simili.

Per gli accordi *De Minimis* la Commissione non inizierà alcun procedimento, né d'ufficio né su domanda. Inoltre, se le imprese ritengono, in buona fede, che un accordo rientri nel campo di applicazione della comunicazione, essa non infliggerà ammende.

La giurisprudenza comunitaria ha chiarito che per gli accordi verticali tra imprese la cui quota di mercato supera la soglia *De Minimis* non vi è una presunzione di restrittività ai sensi dell'art. 101.1 del TFUE[66].

Come vedremo, la presunzione di non restrittività dell'accordo in ragione delle quote di mercato *De Minimis* non si applica nel caso in cui gli accordi verticali contengono una o più delle restrizioni fondamentali, indicate al n. 11 della Comunicazione sugli accordi di importa minore[67].

Nei nuovi *Orientamenti*[68] sulle restrizioni verticali la Commissione sembra lasciare aperta la possibilità che accordi verticali contenenti restrizioni fondamentali, in presenza di quote di mercato sotto le soglie *De Minimis*, possano non rientrare nel divieto dell'art. 101.1 del TFUE[69] [70]. Peraltro, va anche osservato che, negli stessi *Orientamenti*, la Commissione sostiene la diversa tesi secondo cui la circostanza che accordo contenga una restrizione fondamentale "fa presumere che l'accordo rientri nel campo di applicazione dell'art. 101, paragrafo 1"[71].

---

[65] Si ritiene, a riguardo, che singoli fornitori o distributori la cui quota di mercato non supera il 5% non contribuiscano in misura significativa all'effetto cumulativo di preclusione.

[66] Tribunale primo grado, sent. dell'8 giugno 1995, *Langnese-Iglo c. Commissione*, causa T-7/93, in *Raccolta*, p. *II-1533*.

[67] Le restrizioni incluse in questo elenco coincidono con quelle che erano indicate come restrizioni fondamentali del vecchio regolamento n. 2790/1999 sugli accordi verticali.

[68] Comunicazione della Commissione, in GUUE, 19 maggio 2010, *Orientamenti sulle restrizioni* verticali, 2010/C 130/01, n. 14.

[69] Cfr. *ivi*, n. 11, dove si osserva, al contrario, che in presenza delle restrizioni fondamentali, l'art. 101, paragrafo 1, si può applicare "in alcuni casi" anche al di sotto della soglia del 15%, qualora gli accordi abbiano un effetto sensibile sugli scambi e sulla concorrenza.

[70] Corte di Giustizia, sent. del 6 maggio 1971, *Cadillon c. Hoss*, causa C-1/71, in *Raccolta*, 1971, p. 351, dove si sostiene che "l'accordo d'esclusiva concluso fra parti aventi scarsa importanza sul mercato dei prodotti di cui trattasi, può non ricadere sotto il divieto di cui all'art. 85, n. 1, soprattutto se non attribuisce un'esclusiva assoluta".

[71] Cfr. *Orientamenti sulle restrizioni* verticali, n. 47.

3.2.2. Gli accordi tra piccole e medie imprese

Negli *Orientamenti*, la Commissione argomenta che raramente accordi tra piccole e medie imprese[72] influenzano sensibilmente gli scambi tra Stati membri o restringono in modo significativo la concorrenza ai sensi dell'art. 101.1 del TFUE, pur facendo salva la "la possibilità di problemi dovuti alla presenza di restrizioni fondamentali e di effetti cumulativi".

Nell'ipotesi in cui accordi tra piccole e medie imprese soddisfino le condizioni per l'applicazione dell'art. 101.1 del TFUE, la "Commissione si asterrà in generale dall'avviare un procedimento per mancanza di un sufficiente interesse dell'Unione europea, purché tali imprese non occupino, congiuntamente o individualmente, una posizione dominate in una parte sostanziale del mercato interno"[73].

3.2.3. Gli accordi di agenzia commerciale

In luogo di commercializzare i propri prodotti tramite distributori indipendenti che acquistano la proprietà dei beni per poi rivenderli, i produttori possono avvalersi di agenti commerciali, che negoziano e, eventualmente, stipulano contratti in nome o, quantomeno, per conto del preponente, verso il pagamento di un corrispettivo fisso o commisurato agli affari conclusi.

I contratti di agenzia contemplano, in genere, pattuizioni potenzialmente restrittive della concorrenza: si pensi al riconoscimento di un'esclusiva di zona, all'obbligo di non concorrenza, all'eventuale impegno dell'agente a limitare la propria attività di zona o alla clientela attribuitagli.

In ambito europeo si registra, tuttavia, un consolidato orientamento tendente ad escludere l'applicabilità del divieto statuito dall'art. art. 101.1 del TFUE, basato sul presupposto che quello di agenzia è "non un accordo tra imprese indipendenti ai sensi dell'art. 101, quanto piuttosto un fatto interno ad una struttura di impresa integrata"[74] [75].

---

[72] Un'impresa è piccola se l'organico è inferiore a 50 persone e il fatturato o il totale del bilancio annuale non supera 10 milioni di euro, mentre un'impresa è media se l'organico è inferiore a 250 persone e il fatturato non supera 50 milioni di euro o il totale di bilancio annuale non supera 43 milioni di euro. Cfr. Allegato alla Raccomandazione della Commissione, in GUUE, 6 maggio 2003, *Raccomandazione relativa alla definizione delle microimprese, piccole e medie imprese*, 2003/361/CE, L 124/36.
[73] Cfr. *Orientamenti sulle restrizioni* verticali, n. 55.
[74] Cfr. BORTOLOTTI F., *Manuale di diritto della distribuzione – Il contratto di agenzia commerciale*, Padova, 2007, vol. 1, p. 229 secondo il quale, sotto questo profilo, il contratto di agenzia si presenterebbe in maniera non dissimile dal contratto di distribuzione tra società madre e controllata, considerato,

Gli *Orientamenti* si soffermano ampiamente su questo tema, cercando di tracciare, anche sulla base della giurisprudenza comunitaria, una linea di demarcazione tra gli accordi che sono qualificabili come accordi di agenzia commerciale ai fini dell'applicazione dell'art. 101.1 del TFUE e quelli che non lo sono[76].

Fondamentale per la distinzione è la nozione di agente. In base alla giurisprudenza comunitaria l'agente va definito come la persona fisica o giuridica cui viene conferito il potere di negoziare e/o concludere contratti per conto di un'altra persona (preponente), in nome proprio o in nome del preponente, per l'acquisto di beni o servizi destinati al preponente o per la vendita di beni o servizi forniti da quest'ultimo.

La stessa giurisprudenza puntualizza che, per qualificare un accordo di "agenzia commerciale", ai fini dell'applicazione dell'art. 101.1 del TFUE, non importa che l'agente agisca per uno o più proponenti così come è irrilevante la qualificazione dell'accordo, anche ai sensi della normativa nazionale. Al contrario, ciò che assume importanza è il rischio finanziario o commerciale assunto dall'agente, in relazione alle attività per cui è stato nominato come agente del preponente.

La Commissione identifica, negli *Orientamenti*, tre tipologie di rischi finanziari o commerciali:

- Rischi specifici del contratto direttamente collegati a contratti conclusi e/o negoziati dall'agente per conto del preponente (quale, ad esempio, il

---

ai fini dell'art. 101 del TFUE, come una questione interna al gruppo.

[75] Cfr. Corte di Giustizia, sent. del 13 luglio 1966, *Consten e Grunding-Verkaufs-GmBH* c. *Commissione*, cause riunite C-56/64 e C-58/64, in *Raccolta*, 1966, p. 458. La Corte di Giustizia, muovendo dal presupposto che il rappresentante funge da *longa manus* del preponente, equipara la vendita mediante "rappresentante" ad una forma di distribuzione diretta.

[76] In passato la Commissione europea ha emanato una comunicazione sui rapporti di agenzia (*Comunicazione relativa ai contratti di rappresentanza esclusiva stipulati con rappresentanti di commercio*, in GUCE, 24 dicembre 1962, L 139, p. 2921), con la quale rendeva noto che, a suo avviso, gli accordi di agenzia in esclusiva esulano dal campo di applicazione dell'art. 8.1.1, in quanto l'agente svolge una funzione meramente ausiliaria rispetto all'attività del preponente, sì da costituire, sostanzialmente, parte integrante della sua struttura imprenditoriale. Negli anni seguenti, la prassi giurisprudenziale delle istituzioni comunitarie ha precisato l'ambito di operatività di tale eccezione, chiarendo che l'immunità riconosciuta ai rapporti di agenzia non è assoluta ed incondizionata, bensì limitata alle ipotesi in cui l'agente possa ritenersi effettivamente integrato nella struttura commerciale del produttore, ossia non rappresenti un intermediario indipendente, ma un semplice organo ausiliario, che non assume rischi connessi ai contratti stipulati con i clienti. Per un approfondimento cfr. FAELLA G., *Le intese verticali*, *op. cit.*, p. 143 ss. Occorre segnalare come il riferimento, da parte della Commissione, alla assunzione di funzioni, rischi o oneri tipici dell'intermediario per distinguere il ruolo dell'ausiliario da quello di intermediario si evolva, i due importanti sentenze del 1966 (*Grunding e Repubblica Italiana*) nel criterio dell'integrazione nella rete di vendita del preponente. Su punto, cfr. IMBRENDA M., *I contratti di distribuzione*, in "I contratti nella concorrenza" *(a cura di* CATRICALÀ A. e GABRIELLI E.), Milano: Utet Giuridica, 2011, p. 741.

rischio connesso al finanziamento delle scorte)[77];

• Rischi che risultano da investimenti specifici richiesti per il tipo di attività, ossia per consentire all'agente di concludere e/o negoziare quel tipo di contratto[78];

• Rischi connessi a eventuali altre attività che il preponente chieda all'agente sul mercato del prodotto, non in qualità di agente per conto del preponente, ma a proprio rischio.

L'accordo è considerato un vero e proprio accordo di agenzia commerciale e, quindi, escluso dall'ambito di applicazione dell'art. 101.1 del TFUE, solo se l'agente non sostiene rischi significativi per nessuna delle tre tipologie di rischio sopra elencate[79]. L'art. 101.1 del TFUE resta, invece, applicabile ai rapporti di agenzia se, al contrario, l'agente sostiene rischi significativi tali da qualificarlo come impresa distinta rispetto al preponente. Conseguentemente, l'accordo tra le due parti sarà configurabile come un'intesa fra imprese, qualora, nel caso concreto, i rischi assunti dall'agente siano così significativi da alterare i rapporti tra preponente ed agente destinati ad attuarsi nel mercato rilevante[80].

Quando il rapporto viene qualificato come un accordo di agenzia

---

[77] La *ratio* sottesa a questo parametro è chiara: ove il preponente assuma i rischi relativi alla commercializzazione dei beni o dei servizi contrattuali, lo stesso deve essere in grado di determinare liberamente la propria politica commerciale, fissando il prezzo di vendita e le altre condizioni contrattuali, ovvero limitando la vendita dei propri prodotti ad un determinato territorio o ad una certa clientela.

[78] Rispetto al primo parametro questo risulta essere meno solido. L'eventuale sostenimento di investimenti specifici da parte dell'agente rileva sul piano della tutela contrattuale del contraente debole – esposto a fenomeni di *hold-up* ed a comportamenti opportunistici della controparte -, ma non esclude che, in un'ottica concorrenziale, la vendita di beni o dei servizi contrattuali formi parte integrante dell'attività del produttore, ove quest'ultimo assuma le obbligazioni ed i rischi commerciali connessi ai contratti stipulati con i clienti. Cfr. Tribunale di primo grado, sent. del 15 settembre 2005, *DaimlerChrysler* c. *Commissione*, causa T-325/01, in *Raccolta*, par. 87, dove si sostiene che, ai fini della qualificazione del rapporto di agenzia, il *focus* dell'analisi è la ripartizione dei rischi connessi ai contratti conclusi dall'agente per conto del preponente, pur valutando l'incidenza di ulteriori costi ed oneri sostenuti dal primo.

[79] Non rilevano, invece, ai fini della valutazione, i rischi connessi all'attività di prestazione di servizi di agenzia in via generale, quali gli investimenti generali in locali o personale e la circostanza che il reddito dell'agente dipenda dai risultati della sua attività.

[80] Nel punto 16 degli *Orientamenti* la Commissione indica un elenco di condizioni che, se soddisfatte, portano in genere a ritenere che l'accordo sia qualificabile come accordo di agenzia commerciale ai fini dell'applicazione dell'art. 101.1 del TFUE. Se, invece, l'agente sostiene uno o più dei rischi o dei costi di cui ai punti 14, 15, e 16 degli *Orientamenti*, la Commissione argomenta che l'accordo non sarà considerato un accordo di agenzia commerciale. Questa affermazione sembra restringere molto la possibilità di configurare un rapporto di agenzia commerciale ai fini dell'applicazione dell'art. 101 del TFUE. Va comunque osservato che, come peraltro indica anche la Commissione, la questione relativa al rischio deve essere valutata caso per caso tenendo conto, più che di un'analisi formalistica, della realtà economica della situazione.

commerciale, secondo i suddetti criteri, le funzioni di vendita o di acquisto svolte dall'agente sono riconducibili al preponente. Pertanto, tutti gli obblighi imposti all'agente, in relazione ai contratti conclusi e/o negoziati per conto del preponente, incluse le limitazioni riguardati il territorio o i clienti a cui l'agente può vendere i beni o servizi oggetto del contratto, nonché il prezzo o le condizioni a cui l'agente deve vendere o comprare tali beni o servizi, non rientrano nel campo di applicazione dell'art. 101.1 del TFUE.

L'art. 101.1 del TFUE resta, invece, applicabile alle restrizioni relative ai rapporti tra le due parti, in particolare alle clausole di esclusiva, in quanto l'agente è comunque considerato un'impresa distinta rispetto al preponente e, pertanto, l'accordo configura un'intesa tra imprese. La Commissione osserva che solitamente l'attribuzione da parte del preponente all'agente di un'esclusiva per una dato cliente o per un dato territorio non comporta preoccupazioni sul piano della concorrenza. Rapporti di monomarchismo, in cui l'agente non può operare come agente o distributore di altri fornitori in concorrenza con il preponente, vengono valutati in base ai criteri generali utilizzati per questo tipo di restrizioni. Se soddisfano le condizioni richieste dal regolamento n. 330/2010, tali accordi sono coperti dal beneficio di esenzione per categoria.

L'art. 101.1 del TFUE resta applicabile, indipendentemente dalla ripartizione del rischio tra preponente e agenti, se vi è un'intesa collusiva realizzata tramite questo tipo di accordi[81].

3.3. Il regime di invalidità

L'art. 101.2 del TFUE prevede che le intese vietate ai sensi del par. 1 sono nulle di pieno diritto.

Essendo l'art. 101 del TFUE direttamente applicabile, il giudice nazionale ha il potere di far valere direttamente la nullità dell'intesa ai sensi del par. 2 del TFUE. La nullità è assoluta, nel senso che può essere rilevata anche d'ufficio dal giudice o dall'organo amministrativo, con efficacia *ex tunc*. L'intesa nulla resta, infatti, priva di effetti tra le parti ed è inopponibile a terzi[82].

La nullità dell'intesa è, naturalmente, accertabile altresì dalla Commis-

---

[81] Potrebbe, ad esempio, trattarsi del caso in cui un gruppo di preponenti utilizzi gli stessi agenti impedendo al tempo stesso collettivamente a terzi di avvalersene, a loro volta, ovvero utilizzi gli agenti per porre in essere pratiche collusive relative alla strategia commerciale o ai fini di uno scambio di informazioni sensibili relative al mercato tra i preponenti. Cfr. *Orientamenti sulle restrizioni* verticali, n. 20.

[82] Le altre clausole dell'accordo non colpite dalla sanzione di nullità possono, invece, conservare validità ed efficacia nella misura in cui ciò sia possibile in base al diritto nazionale.

sione, che, come organo antitrust dell'UE, gode di poteri di indagine e controllo estremamente ampi, disciplinati dal Reg. n. 01/2003.

Il concorrente può far valere i suoi diritti sia attraverso un esposto alla Commissione, affinché dia inizio ad una procedura di verifica della legittimità dell'intesa, sia intentando un'azione di accertamento e/o di risarcimento del danno dinanzi al giudice nazionale, con possibile rinvio pregiudiziale alla Corte di giustizia in caso di dubbi interpretativi (ex art. 267 del TFUE), sia, infine, percorrendo contestualmente entrambe le strade.

3.4. Le esenzioni dal divieto

Il testo dell'art. 101.3 del TFUE dispone espressamente che il divieto delle intese può essere dichiarato inapplicabile a singoli accordi o a "categorie di accordi". Esso subordina la deroga all'esistenza cumulativa dei seguenti quattro presupposti (due positivi e due negativi)[83]:

• Contribuire a migliorare la produzione o la distribuzione dei prodotti (o dei servizi) o a promuovere il progresso tecnico o economico[84];

• Riservare agli utilizzatori una congrua parte dell'utile che ne deriva[85];

• Imporre alle imprese interessate restrizioni che non siano indispensabili per raggiungere tali obiettivi[86];

• Dare alle imprese la possibilità di eliminare la concorrenza per una parte sostanziale dei prodotti di cui trattasi[87].

---

[83] Per un approfondimento del regime delle esenzioni individuali si cfr. MEROLA F. L. e STILE M. T., *op. cit.*, p. 78 ss.; Cfr., anche, IMBRENDA M., *op. cit.*, p. 102 ss.

[84] Si tratta di un beneficio che non deve essere ristretto alle parti dell'accordo, ma che deve essere potenzialmente rivolto a tutta l'UE. La Corte di Giustizia e la Commissione hanno dato nel tempo un'interpretazione molto ampia di questo parametro tanto da farvi rientrare anche finalità molto diverse da quelle espressamente previste dalla norma, quali l'occupazione, lo sviluppo regionale, la politica industriale e le esigenze ambientali. Cfr. Corte di Giustizia, sent. del 25 ottobre 1977, *Metro* c. *Commissione*, causa C-26/76, in *Raccolta*, 1977, p. 1875, dove si sostiene che "la preoccupazione, nel caso di grossisti e dettaglianti, di mantenere un determinato livello di prezzo, dato che corrisponde a quella di mantenere, nell'interesse del consumatore, la possibilità che un sistema di distribuzione selettiva continui ad esistere (...) rientra nell'ambito delle finalità che possono venir perseguite senza cadere necessariamente sotto il divieto di cui all'art. 85, n. 1, ed, eventualmente in tutto o in parte, nell'ambito dell'art. 85, n.3".

[85] La nozione di congrua parte è alquanto ambigua e si presta ad interpretazioni fortemente discrezionali. Ciò che conta, ad ogni modo, è che le limitazioni derivanti dall'accordo non siano tali da eliminare la concorrenza in un dato mercato. In caso contrario non si riscontrerebbe alcun vantaggio per gli utilizzatori.

[86] Questo parametro va, però, valutato alla luce del principio generale del diritto dell'UE della proporzionalità. Proprio basandosi su questo principio la Corte di Giustizia ha annullato molte decisioni della Commissione facendo leva su una loro insufficiente motivazione.

[87] Sussiste il requisito in parola quando sia ragionevolmente prevedibile che la situazione di concorrenza "efficace" antecedente all'accordo sopravviva all'esecuzione dello stesso, mentre è, inve-

3.4.1. Le esenzioni individuali

Al fine di ottenere un'esenzione individuale è necessario, dunque, che l'intesa soddisfi cumulativamente le suddette quattro condizioni. Si tratta di situazioni peculiari in cui il grado di efficienza dell'intesa (anticoncorrenziale) in termini di vantaggi economici oggettivi supera o, quanto meno, compensa gli effetti distorsivi della stessa sul mercato preso in considerazione, comportandone la piena validità ed efficacia[88].

Generalmente sono escluse dalla possibilità di ottenere esenzioni le c.d. "restrizioni gravi", quelle cioè, a titolo esemplificativo, che creano ripartizione dei mercati e, dunque, forti barriere al commercio transfrontaliero. Tuttavia, qualora le stesse producessero benefici particolari per gli stessi utilizzatori che subiscono gli effetti restrittivi dell'accordo, oltre ad una giustificazione economica oggettiva, in circostanze eccezionali potrebbero essere esentate se, e nella misura in cui, soddisfino le condizioni previste dal par. 3 dell'art. 101 del TFUE.

L'esenzione individuale trova applicazione senza necessità di una previa decisione della Commissione in tal senso[89]. Qualora la presenza di un'intesa venga dedotta nell'ambito di procedimenti nazionali o comunitari

---

[88] ce, disatteso nel caso in cui come conseguenza dell'accordo si instauri un mercato fortemente concentrato o addirittura monopolistico. Rilevanza decisiva al proposito viene attribuita alla consistenza della quota di mercato complessivamente in possesso delle imprese partecipanti. Cfr. MANGINI V. e OLIVIERI G., *op. cit*, p. 49.

[88] Risale alla sentenza Métropole (Tribunale primo grado, sent. del 18 settembre 2001, *Mètropole Television* c. *Commissione*, causa T-112/99, in *Raccolta*, p. II-2459) la teorizzazione del principio secondo cui la valutazione comparata degli effetti anticoncorrenziali e degli effetti favorevoli alla concorrenza deve essere effettuata esclusivamente nell'ambito dell'art. 101.3 del TFUE. Sennonché, a distanza di neppure cinque mesi dalla pronuncia Mètropole, la Corte di Giustizia, nella vicenda *Wouters* e al. (Corte di Giustizia, sent. del 19 febbraio 2002, *Wouters e al.* c. *Algemene raad van de Nederlandse Orde van Advocaten*, causa C-309/99, in *Raccolta*, 2002, p. I-1577),sembra aver apertamente sconfessato il Tribunale, nella misura in cui ha sottratto al divieto di cui all'art. 101.1 del TFUE un accordo ritenuto restrittivo della concorrenza sul presupposto dell'esistenza di effetti positivi ricollegabili all'accordo medesimo sotto il profilo del buon esercizio della professione di avvocato, così come organizzata nei Paesi Bassi, ma senza passare attraverso la verifica della sussistenza delle condizioni di cui all'art. 101.3 del TFUE. In senso contrario alla tesi sostenuta dalla Corte di Giustizia, v. BASTIANON S., *Diritto antitrust dell'unione europea*, Milano: Giuffrè, 2011, pp. 148-149

[89] Cfr. art. 1, co. 2, Reg. n. 1/2003, concernente l'applicazione delle regole di concorrenza di cui agli artt. 81 e 82 del Trattato. Sotto questo profilo il sistema introdotto dal Regolamento in questione si differenzia notevolmente dal precedente, di cui al Reg. n. 17/1962, in quanto da un previgente regime di autorizzazione e di notifica si è passati ad un sistema vigente di eccezione legale, che comporta un'applicazione decentrata delle regole della concorrenza. Infatti il Reg. n. 1/2003 sancendo gli effetti diretti dell'art. 81 del TCE (attuale art. 101 del TFUE) rende applicabile la norma sia da parte dei giudici che delle Autorità *antitrust* nazionali, senza che occorra una previa decisione della Commissione.

relativi all'applicazione dell'art. 101 del TFUE, spetta all'impresa o all'associazione di imprese che invoca l'applicazione dell'art. 101.3 del TFUE provare che le condizioni in esse enunciate sono soddisfatte[90].

La decisione con la quale la Commissione, un'autorità nazionale di tutela della concorrenza o un giudice nazionale accertano la compatibilità di un accordo contestato con le condizioni poste dall'art. 101.3 del TFUE, si fonda sui fatti e le informazioni in loro possesso al momento e non pregiudica una successiva valutazione del medesimo accordo o condotta ai sensi dell'art. 101.1 del TFUE. Ciò significa che le relative sentenze e decisioni devono considerarsi meramente dichiarative e non più costitutive, come nel previgente regime[91].

3.4.2. Le esenzioni per categoria

L'esenzione può essere accordata anche per categorie di accordi, pratiche concordate o decisioni di associazioni di imprese sulla base di una valutazione preventiva condotta in astratto, allorché risultino soddisfatte le condizioni poste dall'art. 101.3 del TFUE.

La Commissione ha utilizzato, in maniera sempre più frequente, il potere – delegato dal Consiglio – di adottare regolamenti di esenzione per categorie di accordi. Tali regolamenti hanno la funzione di precisare, rispetto al settore di accordi considerato, le condizioni alla cui osservanza non si applica il divieto di cui all'art. 101.1 del TFUE. In tale contesto si collocano, ovviamente, i regolamenti di esenzione degli accordi verticali emanati nel corso degli anni, di cui il più recente Reg. n. 330/2010[92].

Giova osservare che, mentre nel regime delle esenzioni individuali la prova della sussistenza delle condizioni di cui all'art. 101.3 del TFUE grava sull'impresa che intende beneficiare dell'esenzione, nel regime delle esenzioni per categoria l'onere probatorio di una violazione dell'art. 101 ricade sugli organi di controllo.

Anche per la revoca dell'esenzione, resa necessaria, qualora, a causa delle circostanze del caso concreto, una o più condizioni di cui all'art. 101.3 del TFUE non siano soddisfatte, vi è una differenza fra i due regimi: la competenza spetta alla Commissione e alle Autorità *antitrust* nazionali, ma non alle giurisdizioni degli Stati membri, con riguardo alle esenzioni

---

[90] Cfr. art 2, Reg. n. 1/2003.
[91] Cfr. GHEZZI F. et al., *op. cit.*, pp. 196-197.
[92] Reg. n. 330/2010, in GUUE, 23 aprile 2010, *Regolamento relativo all'applicazione dell'articolo 101, paragrafo 3, del trattato sul funzionamento dell'Unione europea a categorie di accordi verticali e pratiche concordate*, L 102/1.

per categoria, mentre per le esenzioni individuali competente è anche l'Autorità giudiziaria.

Va ancora osservato che la revoca dell'esenzione regolamentare ha efficacia *ex nunc*, mentre quella delle esenzioni individuali opera *ex tunc*.

4. La normativa europea sulle restrizioni verticali

4.1. L'approccio formalistico adottato in passato

La Commissione si è mostrata tradizionalmente incline ad un'interpretazione ampia e formalistica dell'art. 81.1. del TCE. Nella prassi decisionale dell'esecutivo comunitario, la nozione di restrizione della concorrenza tendeva a coincidere con qualsiasi accordo che limiti la libertà di azione di almeno una delle parti contraenti e determini effetti sensibili sulla situazione di terzi, siano essi concorrenti o consumatori (c.d. teoria della *freedom of action*)[93]. Pertanto le intese verticali, tra cui in particolare gli accordi di distribuzione esclusiva e di acquisto esclusivo, sono stati valutati in modo rigido, come tendenzialmente in violazione dell'art. 81.1 del TCE. Tale approccio trovava il proprio fondamento giustificativo in motivazioni sostanzialmente slegate dalla concorrenza e riferibili all'esigenza di promuovere l'integrazione dei mercati nazionali[94].

---

[93] Cfr. FAELLA G., *Le intese verticali, op. cit.*, p. 119 ss.

[94] Cfr. GHEZZI F. et al., *La disciplina delle intese. Profili sostanziali. Un commento agli articoli 2 e 4 della legge n. 287/1990, in* <http://www.antitrustisti.net>, pp. 112-113.
L'obiettivo politico dell'integrazione dei mercati si traduceva nel divieto pressoché incondizionato degli accordi che assicuravano ai distributori una protezione territoriale assoluta nei confronti delle vendite operate da rivenditori concorrenti, perché atti a compartimentare il mercato comune, ostacolando l'integrazione delle economie degli Stati membri. Cfr. Corte di Giustizia, sent. del 13 luglio 1966, *Consten e Grunding-Verkaufs-GmBH c. Commissione*, cause riunite C-56/64 e C-58/64, in *Raccolta*, 1966, p. 458. La sentenza *Grunding-Consten* contiene la prima pronuncia della Corte su un caso di reciproca esclusiva, relativo alla vendita di prodotti *Grunding* in Francia con divieto di importazioni parallele. La Corte ha affermato che il caso comporta una violazione dell'art. 81.1 del TCE indipendentemente dal grado di concorrenza presente nel mercato rilevante e che, ostacolando l'integrazione europea, esso non era meritevole di un'esenzione.
Altri due fattori hanno influito sull'adesione alla *freedom of action theory*. In primo luogo, la biforcazione normativa dell'art. 81 del TCE ha indotto alcuni interpreti a ritenere che qualsiasi indagine approfondita circa l'impatto di una pratica sul mercato dovesse essere svolta in sede di valutazione delle condizioni per la concessione dell'esenzione, pena uno svuotamento del contenuto normativo del paragrafo 3.
In secondo luogo, nei primi anni di applicazione del Trattato, l'interpretazione ampia e formalistica dell'art. 81 del TCE, rinviando ogni approfondimento circa gli effetti concreti della pratica alla fase della verifica delle condizioni per beneficiare di un'esenzione, ha permesso alla Commissione di rafforzare il proprio ruolo centrale nell'*enforcement* delle norme *antitrust*, garantendo un'applicazione uniforme della disciplina all'interno del territorio comunitario.

L'impostazione rigida e formalistica della Commissione comprimeva gli spazi per l'utilizzo degli strumenti dell'analisi economica di cui all'art. 81.1 del TCE, con conseguente rinvio di ogni apprendimento circa l'effettivo impatto della pratica sul mercato alla successiva fase dell'esame della sussistenza delle condizioni per la concessione dell'esenzione, ai sensi dell'art. 81.3 del TCE.

Le intese verticali vietate, ai sensi dell'art. 81.1. del TCE, che soddisfacevano le condizioni per l'esenzione, ai sensi dell'art. 81.3 del TCE, dovevano essere notificate alla Commissione[95]. Fino all'avvenuta notifica, la Commissione non poteva rilasciare alcuna dichiarazione di compatibilità, ai sensi dell'art. 81.3 del TCE. Inoltre, tale dichiarazione aveva effetto soltanto a partire da una data, in essa indicata, non anteriore a quella di notifica.

Storicamente, conseguenza dell'approccio rigido all'applicazione dell'art. 81 del TCE, è stato il proliferare delle notifiche di intese verticali (nell'ordine di migliaia) da parte delle imprese alla Commissione. Pertanto, il suddetto sistema di controllo delle intese si è rivelato un'arma a doppio taglio. Pur consentendo alla Commissione di controllare attentamente tutte le dinamiche del mercato comunitario, il meccanismo delle notifiche è stato di difficile gestione ed eccessivamente oneroso. Le limitate risorse della direzione generale della concorrenza sono state, per lungo tempo, utilizzate per sbrigare pratiche inerenti ad intese innocue dal punto di vista concorrenziale.

Nel tentativo di non rimanere sommersa dal numero delle notifiche la Commissione, anziché cambiare il proprio approccio all'applicazione dell'art. 81.1 TCE[96], ha escogitato metodi più o meno efficaci, dalle c.d. *comfort letters*[97] ai regolamenti di esenzione per categoria[98], in applicazione

---

[95] Al fine di garantire una sorveglianza efficace e un'applicazione uniforme delle regole di concorrenza, il Reg. n. 17/1962 aveva attribuito alla Commissione europea la competenza esclusiva a dichiarare inapplicabile, in base all'art. 81.3 del TCE, il divieto di cui al primo paragrafo dell'art. 81.

[96] Cfr. BRUZZONE G., *Riforma della politica comunitaria in materia di intese verticali. Verso un maggior utilizzo dell'analisi economica*, in "Mercato concorrenza regole", 2000, anno II, vol. 1, p. 23.

[97] Secondo la giurisprudenza comunitaria, la competenza esclusiva della Commissione ad applicare l'art. 81.1 TCE comportava, per l'impresa che richiedesse un'esenzione individuale, il diritto ad ottenere dalla Commissione una decisione sul merito della domanda. Nella prassi, le decisioni formali della Commissione ai sensi dell'art. 81.3 del TCE sono state un numero molto ridotto (5-10 all'anno); perlopiù la Commissione si limitava a inviare alle imprese che avevano notificato un'intesa lettere amministrative, note anche come *comfort letters* (200-300 all'anno). Le *comfort letters*, a differenza delle decisioni formali, non erano vincolanti per giudici e Autorità nazionali. Questi ultimi potevano, tuttavia, secondo la giurisprudenza, tenerne conto come elementi di fatto nelle proprie valutazioni ai sensi delle regole comunitarie di concorrenza.

[98] Il primo regolamento di esenzione per categoria adottato dalla Commissione è stato il Reg. n. 67/1967, successivamente sostituito dal Reg. n. 83/1983, sugli accordi di distribuzione esclusiva, e

dell'art. 81.3 TCE[99], riuscendo solo in parte ad arginare il flusso ininterrotto di notifiche.

Pur riferendosi a particolari tipologie di accordi verticali o a specifici settori, i regolamenti erano dotati di una struttura speculare, articolata in elenchi di clausole, cui era riservato un trattamento differenziato in funzione del loro (presunto) impatto concorrenziale. Si distingueva fra:

• La *black list* che annoverava le previsioni negoziali giudicate gravemente anticompetitive che non potevano essere inserite negli accordi di distribuzione, pena l'inapplicabilità dell'esenzione per categoria;

• La *grey list* che conteneva le obbligazioni considerate restrittive ma esentabili;

• La *white list* che elencava una serie di pattuizioni non ritenute anticoncorrenziali ai sensi dell'art. 81.1 del TCE.

Le pattuizioni elencate nei regolamenti di esenzione erano considerate inoffensive, restrittive ma esentabili o assolutamente incompatibili, a prescindere dal contesto economico e giuridico rilevante, laddove l'analisi economica insegna come sia estremamente difficile determinare a *priori* l'impatto concorrenziale delle restrizioni verticali.

Questa impostazione presentava un duplice inconveniente: da un lato, erano considerati restrittivi e mai esentabili accordi che, in determinate circostanze, potevano essere giustificati da valide motivazioni di indole commerciale; dall'altro, erano automaticamente escluse dal divieto le intese conformi alle disposizioni regolamentari, sebbene alcune pattuizioni potessero, in presenza di particolari condizioni di mercato, cagionare effetti restrittivi.

La specifica individuazione delle clausole consentite e di quelle vietate determinava una profonda ingerenza della Commissione nella redazione

dal Reg. n. 1984/83, che disciplinava gli accordi di acquisto esclusivo, con l'aggiunta di regole *ad hoc* per i settori della birra e della benzina. Il settore automobilistico godeva di un trattamento speciale, introdotto con il Reg. n. 123/1985, successivamente sostituito dal Reg. n. 1475/1995, sugli accordi per la distribuzione di autoveicoli ed il servizio assistenza alla clientela. Infine il Reg. n. 4087/1988 disciplinava l'esenzione per categoria degli accordi di *franchising*, che beneficiavano di un particolare *favor*, perché ritenuti atti a realizzare un'integrazione convenzionale virtuosa e, per tale via, una miglior distribuzione dei prodotti.

I regolamenti di esenzione per categoria si distinguono dalle decisioni, in applicazione dell'articolo 81.3 del TCE, per il fatto di essere applicabili a una serie indeterminata di fattispecie aventi le medesime caratteristiche, mentre le decisioni hanno come elemento tipico il contenuto concreto e non astratto.

[99] In questo modo, si riduceva la necessità delle notifiche individuali, che rimaneva solo per le intese verticali che non rientravano nell'ambito di applicazione di un regolamento di esenzione per categoria.

dei contratti di distribuzione[100]. Al fine di beneficiare delle esenzioni per categoria, le imprese erano indotte a standardizzare i loro contratti, conformandone sistematicamente il contenuto alle previsioni regolamentari applicabili (c.d. *straitjacket effect*). Tale fenomeno comprimeva l'autonomia negoziale degli operatori ed ostacolava lo sviluppo di modelli commerciali e di formule contrattuali innovative, limitando lo spontaneo operare delle forze di mercato nel settore distributivo, di norma caratterizzato da un elevato dinamismo. L'ingiustificata disparità di trattamento delle medesime restrizioni verticali, in relazione al settore economico o alla formula distributiva utilizzata, cagionava simili effetti distorsivi, condizionando la scelta del modello di distribuzione da parte delle imprese[101].

L'approccio formalistico della Commissione, infine, era difficilmente conciliabile con la giurisprudenza delle corti comunitarie[102], le quali hanno sottolineato, a più riprese, la necessità di valutare l'eventuale sussistenza di una restrizione della concorrenza, alla luce del contesto economico e giuridico rilevante[103].

4.2. Il regolamento di esenzione per categoria n. 2790/1999

All'inizio del 1997, in vista della scadenza dei sopramenzionati regolamenti di esenzione per categoria, la Commissione europea ha pubblicato un *Libro Verde[104]*, volto a promuovere un'ampia discussione sulle esigenze e sulle auspicabili modalità di riforma del diritto comunitario della concorrenza, in materia di intese verticali. Il dibattito ha confermato l'esistenza di un diffuso consenso sulla necessità di adottare un approccio meno forma-

---

[100] Tanto che la Commissione stessa è stata accusata di dirigismo. Cfr. VENEZIA A., *La nuova politica comunitaria in materia di restrizioni verticali ed il regolamento n. 2790/1999*, in "Contratti", 2000, n. 11, p. 1043.

[101] Cfr. FAELLA G., *Le intese verticali, op. cit.*, p. 126.

[102] Altre critiche che si appuntavano sui regolamenti di esenzione riguardavano il fatto che questi ultimi si riferivano solo ad intese relative alla rivendita di beni finali (e non anche di beni intermedi – come nel passaggio dal grossista al distributore al minuto – e di servizi). Inoltre, tali accordi comportavano una notevole restrizione dell'autonomia contrattuale, dato che l'esenzione poteva essere concessa solo agli accordi ai quali partecipavano esclusivamente due imprese.

[103]Corte di Giustizia, sent. del 28 febbraio 1991, *Delimitis Henninger*, causa C-234/89, in *Raccolta*, p. 935. La Corte di Giustizia ha osservato che gli accordi di acquisto esclusivo devono ritenersi incompatibili con l'art. 81.1 del TCE soltanto allorché sussistono barriere all'ingresso nel settore distributivo e la rete di accordi vincoli un numero considerevole di punti vendita, per un periodo sufficientemente prolungato, così da escludere l'accesso ad una porzione significativa dei possibili canali commerciali da parte dei produttori concorrenti e, per tale via, impedirgli di raggiungere le dimensioni minime ottimali.

[104] Cfr. Commissione, in GUCE, 22 gennaio 1997, *Libro Verde sulle restrizioni verticali nella politica della concorrenza*, COM(96) 721.

listico alla valutazione delle intese verticali, che non si limiti ad una mera ricognizione delle clausole contenute negli accordi ma che si incentri piuttosto sul loro effettivo impatto sulla concorrenza e sugli scambi tra gli Stati membri.

Il processo di riforma è culminato nell'adozione di un regolamento generale di esenzione per categoria: il Regolamento n. 2790/1999[105].

Se si prescinde dal settore della distribuzione di autoveicoli che continuava a formare oggetto di una specifica regolamentazione[106], l'adozione di un unico testo normativo ha consentito di porre termine alle ingiustificate disparità di trattamento tra diversi settori economici e modelli distributivi. Il Reg. n. 2790/1999, da un lato, ha garantito che restrizioni simili all'interno di accordi diversi venissero regolati in maniera omogenea ed uniforme e, dall'altro, ha consentito di superare le incertezze applicative in ordine ad accordi in precedenza non coperti da alcun regolamento di esenzione, quali quelli di distribuzione selettiva o di fornitura industriale. Inoltre, la sua portata generale, lo avrebbe reso adattabile alle nuove eventuali tipologie di accordi, non riconducibili a figure contrattuale già definite, che sarebbero potute emergere in futuro[107].

L'impostazione del nuovo regolamento, a differenza di quanto avveniva in passato, si basava su una lista di clausole negative (restrizioni gravi), con la conseguenza che ciò che non veniva esplicitamente vietato poteva considerarsi ammesso[108].

Il superamento di quella che può forse considerarsi la carenza più significativa riscontrata nella politica comunitaria precedente, e cioè il mancato collegamento tra restrizioni alla concorrenza ed effettivo impatto delle stese sul mercato, è stato attuato attraverso l'introduzione del meccanismo della soglia.

Il Regolamento, mediante una presunzione giuridica, prevedeva che l'esenzione dal divieto di accordi restrittivi della concorrenza si applicasse a condizione che la quota di mercato detenuta dal fornitore non superasse il 30%[109] del mercato rilevante in cui essi vende i beni o i servizi oggetto del

---

[105] Reg. n. 2790/1999, in GUUE, 29 dicembre 1999, *Regolamento relativo all'applicazione dell'articolo 81, paragrafo 3, del trattato CE a categorie di accordi verticali e pratiche concordate*, L 336/21.

[106] E continua a costituire oggetto di una specifica regolamentazione, attraverso il Reg. n. 461/2010.

[107] IMBRENDA M., *op. cit.*, p. 692.

[108] Alle imprese viene quindi lasciato un più ampio margine di libertà con il contemporaneo superamento dell'effetto costrittivo e dirigistico derivante dalle liste bianche e dalle precise definizioni contenute nei precedenti regolamenti. Cfr. VENEZIA A., *La nuova disciplina comunitaria in materia di restrizioni verticali ed il regolamento n. 2790/1999, op. cit.*, p. 1045.

[109] La Commissione già nella sua Comunicazione del 1997 (9 dicembre 1997, in GUUE, *Comunicazione della Commissione sulla definizione del mercato rilevante ai fini dell'applicazione del diritto comunitario in*

contratto[110].

Tale regolamento di esenzione si inseriva, inoltre, in un progetto di riforma di ampio respiro, teso a modernizzare le regole di concorrenza comunitarie. In questo progetto spiccano due cambiamenti.

Il primo riguarda la rimozione dell'obbligo di notifica preventiva alla Commissione per ottenere, a partire dalla data della notifica, il beneficio di un'esenzione individuale ai sensi dell'art. 81.3[111] del TCE. L'art. 4, par. 2, del Reg. n. 17/1962, nella versione modificata dal Reg. n. 1216/1999, stabilisce infatti che per le intese verticali che soddisfano i requisiti di cui all'art. 81.3 TCE l'eventuale esenzione valga *ex tunc* e quindi la legittimità dell'accordo parta dal momento della stipulazione dello stesso.

L'introduzione di quest'efficacia retroattiva delle esenzioni individuali è collegata al nuovo sistema delle soglie, espresse in termini di quote di mercato, suscettibili di ingenerare errori di valutazione da parte delle imprese, che potrebbero omettere la notifica dell'accordo, ritenendo erroneamente di essere al di sotto della quota di mercato stabilita.

Sotto il regime precedente questo tipo di errori avrebbe potuto determinare la nullità dell'accordo, quanto meno sino alla data di notifica, anche nell'ipotesi in cui lo stesso soddisfacesse pienamente i requisiti di cui all'art. 81.3 del TCE. Inoltre, il rischio di tale eventualità avrebbe sicuramente comportato, da un lato, un elevatissimo numero di notifiche preventive non necessarie e, dall'altro, la possibilità di utilizzo strumentale delle norme a tutela della concorrenza per venire meno ad obblighi contrattualmente assunti.

Tramite la modifica apportata, sono scongiurati entrambi i predetti pe-

---

materia di concorrenza, C 372) sugli accordi di importanza minore aveva fatto riferimento alla quota di mercato, stabilendo che non rientrassero nell'ambito di applicazione del divieto di cui all'ex art. 81, par. 1, del Trattato CE le intese verticali in cui sia il soggetto a monte (mercato relativo ai rapporti tra produttore e distributori) che il soggetto a valle (mercato relativo ai rapporti tra distributore e consumatori) detengano quote di mercato inferiori al 10%.

[110] Va tenuto presente, infatti, come rilevato dalla Commissione nel *Libro Verde* e nella successiva Comunicazione del 1998 (in GUCE, 26 novembre 1998, *Comunicazione della Commissione sull'applicazione delle regole di concorrenza comunitarie alle restrizioni verticali*, C 365) che l'incidenza sulla libertà di concorrenza delle restrizioni verticali è suscettibile di atteggiarsi in maniera diametralmente opposta a seconda della struttura del mercato di riferimento e del potere di mercato detenuto dall'impresa che di fatto la utilizza. In particolare, laddove la concorrenza fra marche sia particolarmente efficiente, è molto probabile che la presenza di restrizioni verticali abbia come effetto il potenziamento del rendimento dal punto di vista economico, con conseguenti vantaggi in termini di benefici per i consumatori. Al contrario, in un mercato caratterizzato da una concorrenza debole, con la presenza di una o più posizioni di potere non correttamente bilanciate, gli effetti potrebbero essere molto negativi, con la conseguente necessità di un controllo e/o di un intervento.

[111] Si passa da un sistema di autorizzazione ad un sistema di eccezione legale. Cfr. nt. 89.

ricoli, in quanto le imprese potranno evitare notifiche preventive al fine di soddisfare esigenze di certezza giuridica e, sempre che le intese rispettino le condizioni di cui all'art. 81.3 del TCE, riservarsi di richiedere un'esenzione individuale per la sola ipotesi di contenzioso.

Il secondo consiste in una risposta alle pressanti richieste di decentramento: la Commissione perde l'esclusività in materia di applicazione dell'art. 81.3 del TCE, mentre i giudici e le Autorità garanti nazionali vengono pienamente coinvolti sotto il profilo dell'applicazione dell'art. 81, in quanto norma ora direttamente applicabile nella sua interezza.

In quest'ordine di idee, non può essere considerato casuale il fatto che, nel momento in cui si affida ai giudici e alle autorità garanti nazionali il delicato compito di applicare l'art. 81. 3 del TCE, investendo tali organi di un potere discrezionale sino ad oggi appartenuto in via esclusiva alla Commissione, il legislatore comunitario abbia ritenuto opportuno precisare esplicitamente quali siano gli obiettivi degli artt. 81 e 82, ponendo un ovvio limite alla discrezionalità che sovente ha accompagnato l'applicazione dell'art. 81.1 del TCE da parte della Commissione stessa. Il considerando n. 9 afferma espressamente che tali norme "hanno l'obiettivo di proteggere la concorrenza sul mercato".

Pertanto, la perdita da parte della Commissione del potere esclusivo di applicare l'art. 81.3 e la contestuale precisazione degli obiettivi degli artt. 81 e 82, in termini di tutela della concorrenza, sembrano assumere un significato storico-politico ben preciso. Se, infatti, il sistema di esenzione centralizzata ben poteva ritenersi funzionale ad una visione del diritto della concorrenza in chiave ancillare rispetto all'obiettivo dell'integrazione dei mercati, il cui unico alfiere non poteva essere che la Commissione, il passaggio ad un sistema di eccezione legale direttamente applicabile da parte dei giudici e delle Autorità garanti nazionali non poteva prescindere da una riqualificazione delle vere finalità dell'*antitrust* comunitario sulla scia degli insegnamenti dell'analisi economica, posto che difficilmente l'obiettivo politico dell'integrazione dei mercati avrebbe potuto costituire un valido criterio ermeneutico per soggetti diversi dalla Commissione[112].

Il 20 Aprile 2010, la Commissione ha pubblicato il nuovo regolamento generale di esenzione per categoria degli accordi verticali, Reg. n. 330/2010, mentre il 19 maggio hanno visto la luce anche gli *"Orientamenti sulle restrizioni verticali"*, che hanno lo scopo di guidare l'interprete nell'applicazione del Regolamento.

---

[112] PARDOLESI R., *La distribuzione commerciale e le regole del diritto comunitario: concorrenza comunitaria, regolamenti di esenzione, accordi verticali, importazioni parallele*, in <http://www.law-economics.net>, p. 16.

Rispetto alla precedente regolazione di esenzione, le modifiche di rilievo apportate dalla Commissione, di cui ci occuperemo approfonditamente nel prosieguo della tesi, riguardano fondamentalmente tre punti principali:

• Un diverso trattamento da accordare alle restrizioni tradizionalmente considerate particolarmente gravi (c.d. restrizioni fondamentali o *hardcore restrictions*);

• L'introduzione di nuovi limiti all'esentabilità, che tengono conto non più solo della quota di fatturato dei produttori ma anche di quella di distributori;

• L'approccio nei confronti delle restrizioni verticali che coinvolgono le vendite *online*.

2. Il nuovo Regolamento di esenzione n. 330/2010: le soglie in termini di quote di mercato

5. Il sistema della quota nel previgente Reg. n. 2790/1999

Dal punto di vista economico, un'intesa verticale può avere un impatto restrittivo della concorrenza sia sul mercato a monte, relativo ai rapporti tra fornitore e distributori, che sul mercato a valle (spesso di dimensioni geografiche più limitate) relativo ai rapporti tra distributore e acquirenti.

Rispetto a tale assunto, il Reg. n. 2790/1999 ha adottato un approccio semplificato, prevedendo che l'esenzione per categoria si applicasse a condizione che la quota detenuta dal fornitore nel mercato in cui vende i beni o i servizi contrattuali fosse inferiore al 30%[113]. Soltanto in caso di accordi verticali che prevedevano i cc.dd. obblighi di fornitura esclusiva[114], presupponendo questi ultimi un certo potere di mercato del distributore, occorreva prendere in esame non già la quota di mercato del fornitore, bensì quella detenuta dall'acquirente nel mercato ove lo stesso acquista i beni o i servizi oggetto del contratto[115]. La *ratio* di tale previsione era, da una parte, quella di evitare che tramite una pluralità di accordi di tal genere con i produttori venisse precluso l'ingresso nel mercato a nuovi distributori[116], e

---

[113] I lavori preliminari all'emanazione del regolamento furono caratterizzati da un intenso dibattito circa l'ammontare della quota, sui cui si manifestarono delle forti divergenze fra la Commissione e gli altri interessati. Inoltre, fu fortemente osteggiato il progetto della Commissione di introdurre due quote, in quanto ciò avrebbe comportato l'applicazione di due discipline diverse per gli accordi esentati, a seconda che le imprese partecipanti fossero state al di sotto o al di sopra della prima soglia. Per un approfondimento, cfr. GENTILE E., *Il problema degli «accordi verticali» per la distribuzione o per la fornitura congiunta di famiglie complete di prodotti*, in "Contratto e impresa/Europa", 1999, vol. 2, p. 613.

[114] Cfr. art. 1, lett. c), del Reg. n. 2790/1999, secondo cui "per obbligo di fornitura esclusiva si intende qualsiasi obbligo, diretto o indiretto, che impone al fornitore di vendere i beni o i servizi specificati nell'accordo ad un unico acquirente all'interno della Comunità, ai fini di un'utilizzazione specifica o della rivendita".

[115] In linea teorica, un accordo di fornitura esclusiva stipulato da un produttore dotato di potere di mercato con un piccolo distributore potrebbe avere un significativo impatto di riduzione della concorrenza *intrabrand*. Tuttavia, la Commissione ha ritenuto tale scenario poco probabile fermo restando la possibilità, qualora lo scenario si fosse verificato e non fossero state soddisfatte le condizioni di cui all'art. 81.3 del TCE, di revocare il beneficio dell'esenzione per categoria.

[116] Cfr. CARUSO B., *Il nuovo regolamento di esenzione delle intese verticali: l'analisi economica e le modifiche mancate*, in "Concorrenza e mercato", 2011, p. 792. L'A. sostiene che per vagliare l'effettiva portata anticoncorrenziale dell'intesa, anche in questo caso, avrebbe dovuto guardarsi alla quota del produttore, in quanto è quella che meglio individua la reale situazione nel mercato. Si supponga, per esempio, che nel mercato a monte operino i produttori A, B e C che hanno ciascuno il 33,3% del mercato (superando, quindi, la soglia prevista dal regolamento), mentre nel mercato a valle siano presenti in condizioni di concorrenza molti distributori, tutti con esigue quote di mercato. Qualora

dall'altra, che si creassero compartimentazioni del mercato, contrarie all'altro obiettivo del diritto *antitrust* di favorire l'integrazione dei mercati[117].

È generalmente riconosciuto che, nella maggioranza dei casi, gli accordi verticali siano funzionali all'incremento della concorrenza tra prodotti di marche diverse e talvolta anche all'interno della stessa marca. Le restrizioni verticali sono, infatti, in grado di produrre effetti negativi unicamente nei casi in cui le parti coinvolte posseggano un certo grado di potere di mercato al livello della produzione o al livello della distribuzione. Per potere di mercato si intende, di norma, la capacità di praticare prezzi superiori al livello competitivo (a breve termine il costo marginale, a lungo termine il costo medio totale). La definizione del grado di potere di mercato dipende da numerosi elementi, che variano per ciascun settore, in funzione delle caratteristiche dello stesso. La quota di mercato è uno solo di tali elementi.

La Commissione, pur condividendo tale assunzione, ha invece considerato impraticabile procedere ad un'analisi di mercato, caso per caso. Ha, pertanto, ritenuto necessario assumere che il *market power* potesse esprimersi in termini di mera quota di mercato del fornitore[118] per sceverare le

---

i produttori dovessero vincolarsi a tre distributori, i rimanenti rivenditori sarebbero costretti ad uscire dal mercato perché non avrebbero fonti di approvvigionamento disponibili. Eppure, con il criterio della quota di mercato del distributore, l'intesa verticale non sarebbe colpita, salvo l'utilizzo successivo del rimedio della revoca dell'esenzione.

[117] Cfr. FAELLA G., *Adelante con juicio – Limiti e occasioni perse della nuova esenzione per categoria delle intese verticali*, in "Mercato, concorrenza, regole", 2011, vol. 1, p. 32, secondo cui la *ratio* di tale disparità di trattamento era difficilmente comprensibile, posto che gli obblighi di fornitura esclusiva non si differenziano dalle altre forme d'esclusiva a favore del distributore, se non per il fatto che il territorio contrattuale coincideva con l'intera UE.

[118] Cfr. BORTOLOTTI F., *Il problema delle soglie di mercato nel nuovo regolamento di esenzione sulle restrizioni verticali. Osservazioni critiche e proposte*, in "Contratto e impresa/Europa", 1999, vol. 2, p. 538 ss., secondo cui lo strumento delle quote di mercato non è quello ottimale per raggiungere lo scopo perseguito dalla Commissione. Esso consente di escludere che il regolamento si applichi ad accordi veramente pericolosi (nella misura in cui il superamento della soglia del 30% include anche le imprese con una quota dell'80%), al costo di togliere il beneficio dell'esenzione per categoria ad accordi sostanzialmente innocui. Infatti, non può affatto darsi per scontato che in presenza di un'impresa con una quota di mercato relativamente importante (30-40%) il mercato in questione debba essere poco concorrenziale. Al contrario, vi sono numerosi mercati oligopolistici in cui, nonostante la presenza di imprese con quote di mercato importanti (o forse proprio per questo), la concorrenza tra marche è molto forte ed il rischio che accordi conformi al regolamento di esenzione possano produrre effetti restrittivi indesiderabili è ridottissimo. In altri termini, secondo l'autore, non "è tanto la quota di mercato della singola impresa a dover essere tenuta presente, quanto piuttosto il grado di concorrenzialità del mercato complessivo". Cfr. RINALDI R., *Il nuovo regolamento della commissione europea sugli accordi verticali*, in "Diritto del commercio internazionale", 2000, vol. 2, p. 490, che giustifica la scelta della Commissione come motivata da un'esigenza di contenimento dei costi e di semplificazione piuttosto che dalla volontà di effettuare un'analisi delle restrizioni verticali che tenga maggiormente conto di considerazioni di carattere economico.

intese tendenzialmente inoffensive da quelle che, per converso, dovevano essere assoggettate a più attento scrutinio individuale.

Tale orientamento era coerente con la presunzione economico-giuridica secondo cui, quando il fornitore non ha potere di mercato nei confronti dei distributori, è generalmente poco plausibile che un'intesa verticale che lo riguardi abbia un significativo impatto anticoncorrenziale nel mercato a valle[119].

L'analisi economica sembra effettivamente confermare che nella maggior parte dei casi è improbabile che intese verticali, riguardanti fornitori privi di potere di mercato nei confronti dei distributori, possano avere un impatto economico negativo nei mercati a valle, a pregiudizio degli acquirenti finali. Un caso in cui la relazione non è necessariamente vera è quello degli accordi verticali che hanno un effetto di chiusura del mercato ostacolando l'entrata di produttori concorrenti. Infatti, in linea teorica, anche un produttore, dotato di una piccola quota di mercato nei rapporti con i distributori, potrebbe cercare di monopolizzare il mercato della distribuzione in una determinata area, vincolando a sé una parte significativa dei canali distributivi, sempreché le condizioni di entrata nel mercato a valle non siano agevoli[120].

Naturalmente si può argomentare che appare poco plausibile che un fornitore riesca, in assenza di potere di mercato nei confronti dei distributori, a vincolare a sé una parte significativa della rete distributiva nei diversi mercati geografici locali. Tuttavia, tale situazione può di fatto presentarsi, ad esempio, in conseguenza di un forte radicamento storico di un determinato fornitore nel territorio di una data regione[121].

Tenendo conto della possibilità che si verificassero situazioni simili appariva particolarmente importante la previsione del regolamento che con-

---

Cfr., anche, MANZINI P., *La riforma della disciplina comunitaria delle restrizioni verticali della concorrenza*, in "Il Diritto dell'Unione Europea", 2002, p. 561, secondo cui, in considerazione della estrema difficoltà dell'applicazione di altri criteri, quella della quota di mercato costituisce una scelta di "*second best*".

[119] Cfr. *Linee direttrici sulle restrizioni verticali*, n. 22.

[120] Cfr. DOBSON W. P. e WATERSON M., *op. cit.*, che suggerivano, nel caso di accordi che possono comportare la chiusura del mercato della distribuzione a scapito dei fornitori concorrenti, di concentrare l'attenzione sulle quote di mercato detenute dalle imprese coinvolte nel mercato a valle della distribuzione.

[121] Nel mercato italiano dell'assicurazione vita, ad esempio, le quote detenute da alcuni fornitori in determinate aree regionali sono nettamente superiori a quelle che fanno capo agli stessi a livello nazionale: in tale circostanza, potrebbe porsi il rischio che accordi verticali relativi alla distribuzione al dettaglio, posti in essere da un fornitore che ha una quota inferiore al 30% a livello nazionale, abbiano un sostanziale effetto di ostacolo all'accesso di fornitori concorrenti in determinati mercati locali.

sentiva la possibilità di intervenire, togliendo il beneficio dell'esenzione per categoria[122].

Infatti, il rispetto delle soglie previste dal Reg. n. 2790/1999 non garantiva la piena immunità. La Commissione e le Autorità *antitrust* nazionali potevano revocare il beneficio dell'esenzione per categoria, con effetto *ex nunc*[123], qualora avessero constatato che determinate intese verticali, pur rispettando le soglie espresse in termini di quote di mercato, producevano in concreto effetti incompatibili con le condizioni di cui all'art. 101.3 del TFUE, in particolare in virtù dell'effetto cumulativo di reti parallele di restrizioni simili utilizzate da diverse imprese.

Inoltre, nei casi di reti parallele di restrizioni verticali simili che coprivano più del 50% di un mercato rilevante, la Commissione poteva dichiarare, con regolamento *ad hoc*, che l'esenzione per categoria non si applicasse agli accordi contenenti tali pattuizioni nel mercato in questione.

Occorre precisare che la soglia, in termini di quota di mercato, serviva solo a distinguere gli accordi che si presumevano leciti da quelli che potevano richiedere un esame individuale, ma non generava una presunzione assoluta di illegalità al di sopra della soglia limite. In merito, va comunque evidenziato che la determinazione di una qualsivoglia soglia limite di mercato comporta un consistente grado di arbitrarietà.

Infatti, vi saranno accordi che, superando la soglia, non beneficeranno dell'esenzione di gruppo pur non risultando anticompetitivi.

Per questi ultimi la possibilità di ottenere un'attestazione negativa o un'esenzione individuale era un'opzione spesso teorica a causa dei tempi e dei costi connessi. Il che conduceva le imprese a rinunciare a inserire determinate clausole nei loro contratti o a perseguire determinati accordi di integrazione verticale e con ciò, probabilmente, ad abbandonare soluzioni organizzative che avrebbero potuto aumentare la competitività.

Al fine di limitare tali inconvenienti, era stata proposta l'introduzione di una procedura di "non opposizione", strumento, già presente in altri regolamenti[124], che consentisse di applicare l'esenzione agli accordi notificati alla Commissione e per i quali quest'ultima non si fosse opposta in un determinato lasso di tempo.

---

[122] Cfr. BRUZZONE G., *Riforma della politica comunitaria in materia di intese verticali. Verso un maggiore utilizzo dell'analisi economica, op. cit*, p. 29 ss.

[123] Avendo il ritiro dell'esenzione effetto *ex nunc*, tale soluzione non pregiudicava in misura rilevante la certezza giuridica connessa alle situazioni in cui un'impresa soddisfava le condizioni dell'esenzione per categoria.

[124] Cfr. Reg. n. 239/1984 in tema di brevetti; Reg. n. 417/1985 in tema di accordi di specializzazione; Reg. n. 418/1985 in tema di accordi di ricerca e sviluppo.

L'adozione di tale procedura era stata, peraltro, sostenuta anche dal Comitato Economico e Sociale della Comunità Europea ma la Commissione non ha accolto una simile soluzione.

6. Il passaggio dal vecchio al nuovo sistema

Secondo una "pratica" ormai consolidata dalla Commissione, prima della scadenza di un regolamento di esenzione per categoria[125], si deve decidere se non rinnovarlo, oppure rinnovarlo com'era, o rinnovarlo con modifiche. Per far ciò la Commissione raccoglie il parere degli interessati a vari livelli.

Nel caso degli accordi verticali l'*iter* di revisione, durato circa due anni, ha innanzitutto previsto la costituzione di un apposito *working group* nell'ambito dell'*European Competition network* (ECN) che predispose uno studio. Elaborata la proposta di revisione del regolamento di esenzione e delle relative *Linee Guida*, è stata sottoposta a consultazione pubblica dal 29 luglio al 28 settembre, ottenendo 163 contributi da parte di imprese e loro associazioni, grossi studi legali, organismi pubblici ed associazioni varie[126].

Durante l'*iter* per il nuovo regolamento, la Commissione con una certa sorpresa[127] ha sollevato il problema della duplicità dei mercati motivandolo con due argomenti. In primo luogo, voleva allontanare il dubbio che il focalizzarsi solo sulla quota di mercato del fornitore fosse interpretato come segno di trascurare completamente il potere di mercato degli acquirenti o dei distributori. In secondo luogo, le autorità nazionali della concorrenza (membri dell'ECN) erano favorevoli al restringimento del campo di applicazione della esenzione per categoria, perché così avevano più libertà di azione per colpire restrizioni verticali a livello nazionale[128].

Questo si è tradotto nell'inserimento, nel progetto offerto alla consultazione del 2009, del riferimento alla quota detenuta dall'acquirente nel mercato a valle della rivendita, ritenuta, in linea di principio, il parametro più indicativo per stimare il potere di mercato dei distributori e, di riflesso, il possibile impatto concorrenziale delle intese[129]. Nell'ambito della consul-

---

[125] Il Reg. n. 2790/1990 scadeva nel Maggio 2010.
[126] Cfr. WHISH R. e BAILEY D., *Regulation 330/2010: the commission's new block exemption for vertical agreements*, in "Common market law review", 2010, vol. 6, pp. 1764-1765.
[127] Perché nella vigenza del Reg. n. 2790/1999 il problema non si era mai posto, sembrando sufficiente l'eccezione della "fornitura esclusiva".
[128] Al contrario, le imprese hanno generalmente auspicato che l'ambito di applicazione dell'esenzione non venisse ristretto per non ridurre la certezza giuridica.
[129] Cfr. FAELLA G., *Adelante con juicio – Limiti e occasioni perse della nuova esenzione per categoria delle intese verticali, op. cit.*, p. 35. Specificatamente, nella bozza si leggeva che il beneficio dell'esenzione era

tazione[130], questa proposta è stata oggetto di molte critiche, perché avrebbe determinato un aumento degli oneri informativi per le imprese e una riduzione della certezza giuridica sproporzionati rispetto ai benefici. In particolare, è stato osservato che le imprese fornitrici non necessariamente sono a conoscenza del livello e dell'evoluzione delle quote di mercato detenute dai loro acquirenti nei mercati a valle. Tra l'altro, i mercati rilevanti in cui operano a valle gli acquirenti spesso hanno una dimensione geografica locale, soprattutto se si tratta di servizi al dettaglio[131]. Inoltre, quando l'accordo riguarda un bene o un servizio intermedio, è possibile che l'input sia utilizzato da ogni singolo acquirente per produrre diversi beni e servizi e ciò richiederebbe che il fornitore sia a conoscenza della quota di mercato dei suoi acquirenti in ciascuno dei mercati dei prodotti a valle. Per queste ragioni, la proposta iniziale della Commissione, se fosse stata seguita, avrebbe comportato di fatto in molti settori l'eliminazione del *safe harbor*.

Nella versione definitiva del regolamento, la Commissione ha tenuto conto di queste obiezioni, senza però rinunciare all'introduzione di una doppia soglia di quota di mercato. La soluzione di compromesso è stata quella di cambiare il mercato sul quale è calcolata la seconda soglia a cui si fa riferimento. Infatti, in base al Reg. n. 330/2010, per applicare l'esenzione per categoria bisogna guardare, oltre alla soglia di mercato del fornitore, a quella dell'acquirente, ma non nel mercato a valle, bensì nel mercato in cui esso acquista i prodotti oggetto del contratto. L'esenzione per categoria si applica se entrambe le quote, del fornitore e dell'acquirente, non superano il 30%[132].

---

condizionato alla circostanza che" (…) ciascuna delle imprese che sono contraenti dell'accordo non superi il 30% di qualsiasi mercato rilevante interessato dall'accordo". Cfr. SICCA R., *Il nuovo regolamento generale di esenzione degli accordi verticali: elementi innovativi e interessi in gioco*, in "Concorrenza e mercato", 2011, p. 823, secondo cui la formulazione alquanto generica, contenuta nella bozza, della previsione relativa alla soglia dei distributori lasciava aperta la definizione del mercato interessato, prestandosi ad essere interpretata, dagli operatori sia della produzione che della distribuzione, in modo troppo ampio, ossia riferita sia ai mercati a valle della distribuzione sia ai mercati a monte degli acquisti da parte dei distributori.

[130] Cfr. CONFINDUSTRIA, *Consultazione della Commissione UE sulla revisione del regolamento relativo all'applicazione dell'art. 81, paragrafo 3, del Trattato CE a categorie di accordi verticali e pratiche concordate*, in <http://www.confindustria.it>, 2009.

[131] Questa circostanza avrebbe richiesto di stimare la quota dei distributori in un numero potenzialmente molto elevato di mercati locali, con conseguente lievitazione dei costi applicativi.

[132] Cfr. art. 3.1, Reg. n. 330/2010. Vale per la nuova disciplina quanto già sostenuto da BORTOLOTTI F., *Il problema delle soglie di mercato nel nuovo regolamento di esenzione sulle restrizioni verticali. Osservazioni critiche e proposte*, op. cit., p. 551, con riferimento al previgente sistema della quota unica. L'A., fornendo degli esempi a riguardo, argomenta che il tetto del 30% costituirebbe una discriminazione tra imprese che possono ed altre che non possono utilizzare alcuni sistemi distributivi. A tale osservazione rispondono indirettamente HAWK A. e STANTON D., *Can U.S. antitrust laws and practi-*

Considerando l'effetto pratico del regolamento, la definizione della soglia del 30% risulta effettivamente utile soltanto per le imprese che detengono quote inferiori a tale valore, ma comunque superiori al 15%. Infatti, quando le quote sono inferiori a tale valore e gli accordi non contengono restrizioni gravi, vale comunque quanto previsto nella Comunicazione della Commissione relativa agli accordi di importanza minore[133], per cui si presume che essi non determinano restrizioni sensibili della concorrenza e non necessitano di una valutazione individuale.

Anche nel nuovo regime, nel caso di reti parallele di restrizioni simili, che individualmente rispetterebbero le soglie espresse in termini di quote di mercato, il beneficio dell'esenzione per categoria può essere ritirato, mediante provvedimento amministrativo di revoca[134] o regolamento di disapplicazione[135].

Come sostenuto dalla stessa Commissione[136], il cambiamento introdotto dal Reg. n. 330/2010 riflette l'intento di tener conto della crescita del potere di mercato e negoziale degli operatori della grande distribuzione[137]. Posto che i rapporti di forza all'interno della catena tecnico-distributiva si sono progressivamente evoluti in favore degli acquirenti[138], ad avviso della

---

ce provide lesson or suggestion to assist in the EC reform of competition law rules applicable to vertical restrain?, in "Contratto e impresa/Europa", 1999, p. 568 ss., che osservano che la disciplina della concorrenza non si pone l'obiettivo di trattare nella stessa misura tutti i concorrenti bensì di trattare in maniera adeguatamente diseguale situazioni obiettivamente diseguali, quali sono, ad esempio, quelle di due imprese delle quali l'una sia dotata di una posizione dominante e l'altra no.

[133] Comunicazione della Commissione, in GUUE, 22 dicembre 2011, *Comunicazione della Commissione relativa agli accordi di importanza minore che non determinano restrizioni sensibili della concorrenza ai sensi dell'articolo 81, paragrafo 1, del trattato che istituisce la Comunità europea (De Minimis)*, 2001/C 368/07.

[134] Ex art. 29, Reg. 1/2003.

[135] Cfr. art 6 del Reg. 330/2010, che prevede che la Commissione può dichiarare, mediante regolamento, che il presente regolamento non si applichi nei casi in cui reti parallele di restrizioni verticali simili coprano più del 50% di un mercato rilevante. Cfr. par. 18.

[136] Cfr. Commissione, 28 luglio 2009, *Antitrust: la Commissione apre una pubblica consultazione sulla revisione delle regole di concorrenza applicabili al settore della distribuzione*, IP/09/1197.

[137] Cfr. CARUSO B., *op. cit.*, pp. 792-793, secondo cui tale cambiamento risponde, oltre all'esigenza di tenere in debita considerazione l'accresciuto potere di mercato degli acquirenti, anche a quella di coprire le falle che il previgente sistema presentava, nella misura in cui non copriva i meno probabili, seppur possibili, scenari in cui non necessariamente la portata restrittiva dell'intesa è esattamente proporzionale al potere di mercato. Potrebbe essere il caso di un produttore che, sebbene privo di potere di mercato, riesca a vincolare con un accordo di esclusiva una buona parte della rete distributiva (con quota superiore al 30%), precludendo così gli sbocchi ai sui concorrenti a monte. Nonostante un'ipotesi del genere possa sembrare inverosimile non è comunque da escludere. Inoltre, il precedente sistema strideva con la valutazione effettuata in sede di esenzione individuale, dal momento che in quel caso la Commissione avrebbe dovuto aver riguardo alla quota detenuta sia dall'operatore a monte sia dall'operatore a valle.

[138] Cfr. SICCA R., *op. cit.*, p. 821, secondo cui i ruoli di produttori e distributori si sono gradualmente trasformati da "complementari" a "conflittuali", dando luogo ad una concorrenza verticali, che

Commissione non si può più presumere che intese verticali stipulate da imprese produttrici prive di rilevante potere di mercato non abbiano significativi effetti restrittivi. I grandi distributori, infatti, potrebbero indurre fornitori, dotati di minor forza contrattuale, ad accettare previsioni negoziali atte a rafforzare ulteriormente la posizione dei primi o, comunque, attenuare la tensione competitiva nel mercato a valle. Peraltro, nella letteratura economica è stata da tempo sottolineata l'importanza delle condizioni concorrenziali del settore distributivo nell'apprezzamento degli effetti delle intese verticali.

L'esistenza di un significativo grado di concorrenza *interbrand* potrebbe non essere sufficiente a scongiurare il rischio di ricadute negative sul benessere dei consumatori, giacché i rivenditori non operano come *price-taker* e, per accrescere i propri margini, potrebbero decidere di non trasferire integralmente ai clienti finali i benefici derivanti dalla pressione concorrenziale nel mercato a monte[139]. Inoltre, per talune restrizioni, quali la RPM, il

---

ha avuto un duplice esito: o un aumento dell'integrazione strutturale o, dove tale soluzione non risulta praticabile, la ricerca crescente di accordi (restrizioni) verticali. Il potere di mercato dei distributori (collettivo e individuale) è stato al centro dell'attenzione delle pubbliche autorità europee, che hanno recentemente svolto alcune indagini a livello nazionale (alcune sono ancora in corso). Con riferimento all'Italia, l'AGCM ha aperto un'indagine conoscitiva sul settore della grande distribuzione organizzata (Provvedimento n. 21765, 27 ottobre 2010, in "www.agcm.it"), rilevando che "sotto il profilo delle relazioni verticali con i fornitori, si è assistito ad un aumento del peso e dell'importanza delle centrali d'acquisto, che consentono un considerevole rafforzamento del potere contrattuale delle imprese della grande distribuzione organizzata nei confronti delle piccole e medie imprese produttrici". Inoltre, Il potere di mercato dei distributori si manifesta sempre di più con l'uso della *private labels*, che competono direttamente con le principali marche produttrici e testimoniano questo cambiamento nell'equilibrio di potere fra distributori e fornitori. Tuttavia, l'evidenza empirica degli effetti sociali negativi delle *private labels* manca oppure, nelle migliori delle ipotesi, è ambigua e, pertanto, non può fornire delle indicazioni chiare per indirizzare l'azione delle Autorità *antitrust*. Sul tema Cfr. LIANOS I., *New Kids on the Block: Retailer-driven Vertical Practices and the New Regulation of Vertical Restraints in EU Competition Law*, in "The CPI Antitrust Journal", 2010, June, p. 173.

[139] Cfr. STEINER R.L., *Intrabrand competition – stepchild of antitrust*, in "The antitrust Bullettin, 1991, vol. XXXVI, secondo cui un elevato grado di concentrazione e di potere di mercato ad un determinato stadio di un struttura verticale, potrebbe tradursi in margini più elevati a tale livello "because the firms engage in a form of vertical intrabrand competition by ottempting to increase their vertical market share". Cfr., anche, DALLI D., VARALDO R., *Le relazioni strategiche tra industria e distribuzione*, in "sinergie", 2003, n. 61-62, p. 260, che descrivono l'apparato distributivo sulla base del paradigma concentrazione/efficienza/potere. Per quanto concerne il rapporto tra concentrazione della distribuzione e potere nei confronti dell'industria alcuni studi hanno portato a riscontrare una significativa correlazione inversa tra i margini di redditività delle imprese industriali e gli indici di concentrazione degli acquirenti delle stesse. Altri studi sono stati molto critici sul legame intercorrente fra l'aumento della concentrazione nel settore della distribuzione e la riduzione della concorrenza. È stato notato che nonostante gli elevati tassi di concentrazione nel settore distributivo in molti stati membri, essi rimangono generalmente competitivi, come è dimostrato dai relativi bassi margini operativi dei distributori (in media intorno al 4%) e dalla concorrenza sempre più

rischio di prevalenti effetti anticoncorrenziali appare più consistente quando l'utilizzo della pratica sia sollecitato da distributori dotati, individualmente o unitamente ad altri rivenditori, di elevato potere di mercato.

7. La scelta della quota di mercato dell'acquirente

Se l'evoluzione del settore distributivo induceva a riservare maggiore attenzione alle condizioni concorrenziali dei mercati a valle, l'individuazione della quota più appropriata per stimare, in concreto, il potere di mercato dell'acquirente ha sollevato delicate questioni teoriche ed applicative. Il linea generale, occorre distinguere due dimensioni del potere di mercato dei distributori: il *buying power*, esercitato a monte nei confronti dei fornitori ed il *selling power*, detenuto a valle nei confronti dei clienti finali. Essi sono sovente abbinati: un distributore, dotato di un'elevata quota nel mercato a valle della rivendita dei prodotti interessati, detiene generalmente un considerevole *buying power* nei confronti del fornitore, poiché rappresenta una significativa porzione degli acquisti complessivi e un rilevante, se non indispensabile, canale d'accesso ai clienti finali. Tuttavia, le due dimensioni del potere di mercato dei distributori possono essere disgiunte, soprattutto quando, come di sovente accade, non vi è una coincidenza territoriale tra i mercati rilevanti a monte e quelli a valle. Ad esempio, un distributore che detiene un significativo *selling power* in uno o più mercati locali della rivendita ai clienti finali, può rappresentare un acquirente relativamente poco importante nel più ampio mercato nazionale delle vendita all'ingrosso del prodotto interessato.

Come precedentemente detto, nonostante nella bozza del regolamento si facesse riferimento alla quota detenuta dall'acquirente nel mercato a valle, la versione definitiva del regolamento ripiegò sulla quota detenuta dall'acquirente nel mercato a monte in cui acquista i beni o servizi contrattuali, sebbene ciò volesse dire prendere in considerazione soltanto una delle due dimensioni del potere di mercato dei distributori, che in molti casi non è quella più significativa e non sempre costituisce una ragionevole approssimazione dell'altra.

La decisione di estendere l'utilizzo di uno strumento quale la soglia di esentabilità anche alla quota sul mercato dal lato della domanda, estendendo l'utilizzo di un parametro predeterminato di valutazione, potrebbe *prima facie* apparire in contrasto con il richiamato nuovo approccio che predilige una valutazione economica concreta, caso per caso, degli effetti delle re-

---

intensa fra le diverse formule distributive. Sul punto si v. LIANOS I., *op. cit,* pp. 172-173

strizioni verticali. In realtà, tale incoerenza è solo apparente in quanto, viceversa, l'introduzione di una seconda soglia da valutare, congiuntamente o disgiuntamente al superamento della prima, costituisce un indizio della volontà di tenere in considerazione gli effetti economici tipicamente derivanti dai rapporti verticali in cui il potere di mercato, anche del solo distributore, può dare luogo ad effetti anticoncorrenziali, evidenziando quindi una capacità valutativa più concretamente legata all'evoluzione della realtà economica[140].

Peraltro, gli stessi *Orientamenti*, differenziandosi dal testo previgente, sottolineano che "al di sopra della soglia della quota di mercato del 30% non si può presumere che gli accordi verticali rientrino nel campo di applicazione dell'articolo 101, paragrafo 1, o che non soddisfino le condizioni dell'articolo 101, paragrafo 3, ma non si può neppure presumere che gli accordi verticali che rientrano nel campo di applicazione dell'articolo 101, paragrafo 1, soddisfino di norma le condizioni dell'articolo 101, paragrafo 3.

Il superamento della quota del 30% di ciascuno dei due lati della filiera viene[141], pertanto, chiaramente rappresentata come un punto di partenza per lo svolgimento delle valutazioni preliminari della potenziale restrittività delle intese, fugando ogni possibile equivoco circa una valutazione basata su una logica di automatismo[142].

Nel caso di un accordo verticale tra più di due imprese, in cui l'impresa "x" acquisti i prodotti oggetto del contratto dall'impresa "y" che è parte contraente dell'accordo e vende i prodotti oggetto del contratto all'impresa "z", anch'essa parte contraente dell'accordo, l'esenzione si applica solo se la quota di mercato di "x" non supera il 30% sia come acquirente che come fornitore. È necessario, naturalmente, che la soglia del 30% non sia superata neanche dalla quota di mercato di "y", come fornitore, e di "z" co-

---

[140] Cfr. SICCA R., *op. cit.*, p. 824.

[141] Per i fornitori con una quota di mercato superiore al 30%, non cambia nulla: essi sono già abituati all'applicazione dell'art. 101 del TFUE senza *safe harbour*, indipendentemente dalle quote di mercato dei loro acquirenti. La situazione si modifica, invece, per le imprese acquirenti che raggiungono la quota del 30% sul mercato in cui acquistano i prodotti oggetto del contratto. Queste imprese, infatti, hanno perso il beneficio dell'esenzione per categoria, indipendentemente dalla quota di mercato dei loro fornitori. La doppia soglia determina un cambiamento anche per i fornitori con una quota di mercato che non supera il 30%, i quali perdono il beneficio dell'esenzione per categoria quando concludono accordi con acquirenti, la cui quota sul mercato degli acquisti supera la soglia.

[142] La scelta di definire una soglia *a priori* risponde, peraltro, ad un'esigenza operativa della Autorità di concorrenza, ossia quella di effettuare una scrematura tra le denunce o notifiche di restrizioni verticali, soffermandosi esclusivamente su quelle maggiormente idonee a creare effetti di *foreclosure* per i concorrenti.

me acquirente[143].

La scelta di far riferimento alla quota dell'acquirente sul mercato degli approvvigionamenti può essere oggetto di alcuni rilievi critici. Infatti, il potere di mercato, dal lato degli acquisti, può costituire un indicatore di possibili problemi concorrenziali per alcune tipologie di intese mentre, per altre, di norma non aumenta ma riduce il rischio di effetti anticoncorrenziali.

Nella prima tipologia di intese vi rientrano quelle contenenti obblighi di acquisto esclusivo, clausole leganti e pattuizioni affini che possono sortire un effetto escludente nei confronti dei produttori concorrenti, precludendogli in certa misura l'accesso ai canali distributivi o ai possibili sbocchi sul mercato, per escluderli o accrescere i loro costi. Per valutare il rischio di *foreclosure* di fornitori concorrenti, occorre verificare, *in primis*, se la quota detenuta dal distributore nel mercato a monte in cui acquista i beni o i servizi contrattuali, oppure la quota del medesimo mercato vincolata dal complesso di restrizioni verticali simili, sia sufficientemente estesa da ostacolare l'accesso di altri operatori ai canali commerciali[144].

Ancora, un distributore in posizione di forza potrebbe sfruttare il proprio potere per imporre ai principali produttori una clausola di fornitura esclusiva o pattuizioni aventi effetti analoghi, in modo da prevenire l'ingresso o ostacolare l'espansione di rivenditori concorrenti, precludendogli l'accesso alle fonti di approvvigionamento. In tali ipotesi, rileva in prima approssimazione la quota di mercato del fornitore – o dei fornitori – cui è ostacolato o precluso l'accesso, ma un'analisi più completa dovrebbe prendere in considerazione anche la posizione del distributore nell'acquisto e nella vendita dei prodotti contrattuali, onde verificare se l'acquirente possa ragionevolmente aver indotto il produttore ad estromettere gli altri rivenditori e se la minaccia di monopolizzazione del mercato a valle sia credibile. La seconda tipologia enuclea le restrizioni verticali, tra cui in particolare il monomarchismo[145], per le quali la preoccupazione di una restrizione della concorrenza riguarda la preclusione del mercato ad altri fornitori e, pertanto, una quota di mercato elevata in capo all'acquirente sul mercato in cui esso acquista i prodotti oggetto del con-

---

[143] Cfr. *Orientamenti sulle restrizioni verticali*, n. 90.

[144] Peraltro, nell'analisi degli effetti della pratica, assume rilievo anche la quota di mercato detenuta dal produttore, in quanto, in presenza di un adeguato numero di operatori capaci di effettuare un'effettiva pressione concorrenziale, l'eventuale preclusione dell'ingresso di nuovi entranti determinerebbe effetti restrittivi meno rilevanti di quelli che si verificherebbero in uno scenario oligopolistico o, comunque, scarsamente competitivo.

[145] La denominazione monomarchismo raggruppa gli accordi la cui principale caratteristica è che l'acquirente è costretto o indotto a concentrare gli ordini di un particolare tipo di prodotto presso un unico fornitore. Cfr. *Orientamenti sulle restrizioni verticali*, n. 12.

tratto non è in alcun modo collegata ad un aumento del rischio di un impatto anticoncorrenziale. Questo rischio è semmai correlato alla quota di mercato detenuta dall'acquirente nei mercati a valle. Quindi, per questa tipologia di restrizioni, la seconda soglia di quota di mercato relativa all'acquirente sembra comportare una contrazione del *safe harbour*, non accompagnata da giustificazioni in termini di maggiore capacità di impedire restrizioni della concorrenza. L'unico modo di giustificare la scelta è quello di ipotizzare che vi sia una connessione tra la quota dell'acquirente sul mercato in cui acquista e la quota che esso detiene sul mercato a valle; questa correlazione, peraltro, pur essendo frequente, non si verifica necessariamente, soprattutto quando l'estensione territoriale di tali mercati non coincida[146]. A sostegno della scelta della Commissione va osservato che l'alternativa, teoricamente disponibile, di fare riferimento a coppie di soglie di quote di mercato differenziate a seconda delle tipologie di restrizioni verticali incluse nel contratto sarebbe stata veramente complicata da gestire.Per completezza bisogna aggiungere la considerazione che in molti casi in cui l'analisi della posizione di mercato dell'acquirente sarebbe utile ai fini di un primo *screening* dei possibili effetti di un'intesa (in particolare, nelle ipotesi di paventata collusione espressa o tacita tra distributori[147]), la quota detenuta nel mercato a valle della rivendita dei clienti finali potrebbe costituire un parametro più rappresentativo del possibile impatto concorrenziale della pratica contestata rispetto alla quota del rivenditore nel mercato a monte dell'acquisto dei prodotti contrattuali.

8. L'individuazione del mercato rilevante e il calcolo della quota di mercato

Per i criteri di individuazione del mercato rilevante, la Commissione

---

[146] Cfr. BRUZZONE G. e SAIJA A., *Le regole europee del 2010 sugli accordi verticali: approccio economico e utilizzo delle presunzioni giuridiche*, in "Contratto e impresa/Europa", 2010, vol. 2, p. 646, secondo cui è possibile trovare delle argomentazioni a sostegno della scelta fatta dalla Commissione se si considera che quando l'unica restrizione prevista da un accordo verticale consiste in un obbligo di monomarchismo (favorevole al fornitore) è assai improbabile che si presenti una situazione in cui la quota di mercato dell'acquirente sul mercato in cui acquista il bene o il servizio oggetto del contratto superi il 30%. Pertanto, nella maggior parte dei casi in cui potrebbe non avere una giustificazione in termini economici, la seconda soglia di quota di mercato probabilmente non verrà raggiunta.

[147] Affinché lo spettro dei fenomeni collusivi nel mercato a valle assuma consistenza, è necessario che il distributore interessato detenga una quota significativa del mercato della rivendita ai clienti finali o che reti parallele di restrizioni simili coprano una porzione elevata della distribuzione. Allo stesso tempo, peraltro, perché l'equilibrio collusivo non sia destabilizzato dall'offerta di prodotti concorrenti, occorre di norma che anche il fornitore interessato detenga una significativa quota di mercato, oppure che restrizioni simili siano utilizzate da imprese produttrici rappresentanti una pozione elevata delle vendite complessive.

rinvia alla propria comunicazione del 1997[148]. Il mercato rilevante rispetto al quale va calcolata la quota di mercato deve essere definito nella sua duplice dimensione: merceologica e geografica.

Sotto il profilo merceologico, il mercato rilevante comprende tutti i prodotti "considerati intercambiabili dagli acquirenti in ragione delle loro caratteristiche, del prezzo e dell'uso cui sono destinati". Negli *Orientamenti* la Commissione osserva che quando il prodotto fornito è utilizzato come input per la fabbricazione di altri prodotti, di norma basta considerare le preferenze degli acquirenti diretti[149]. Nel caso della distribuzione di beni finali, invece, la sostituibilità dei prodotti per le imprese acquirenti è di norma influenzata dalle preferenze dei consumatori finali. Un distributore, in quanto rivenditore, non può ignorare le preferenze dei consumatori finali quando effettua i suoi acquisti di beni finali.

Una precisazione importante è che i mercati non sono normalmente definiti dalla forma di distribuzione praticata, poiché generalmente vi sono diverse forme di distribuzione concorrenti tra di loro[150].

Un altro punto importante riguarda la definizione del mercato quando i fornitori vendono una gamma di prodotti: se per gli acquirenti è l'intera gamma, e non il singolo prodotto, a essere considerata come sostituibile, il mercato dal punto di vista merceologico andrà definito con riferimento all'intera gamma.

Sotto il profilo geografico, il mercato rilevante comprende l'area "nella quale le imprese in causa forniscono o acquistano prodotti o servizi, nella quale le condizioni di concorrenza sono sufficientemente omogenee e che può essere tenuta distinta dalle zone geografiche contigue perché in queste ultime le condizioni di concorrenza sono sensibilmente diverse"[151].

Gli *Orientamenti* ricordano che le dimensioni geografiche dei mercati all'ingrosso sono generalmente più ampie di quelle dei mercati in cui il prodotto è poi rivenduto al consumatore finale. Dato che i distributori all'ingrosso sono acquirenti professionali, la dimensione geografica del mercato corrisponde almeno all'intero territorio dello Stato membro, se non è più estesa. La Commissione osserva, peraltro, che nei mercati al dettaglio la dimensione geografica è spesso più ampia dell'area in cui è dispo-

---

[148] Comunicazione della Commissione, in GUCE, 9 dicembre 1997, *Comunicazione sulla definizione del mercato rilevante ai fini dell'applicazione del diritto comunitario in materia di concorrenza*, 97/C 372/03.

[149] Cfr. *Orientamenti sulle restrizioni verticali*, n. 89.

[150] A esempio, se l'abbigliamento per bambini viene in parte commercializzato attraverso accordi di *franchising* e in parte attraverso formule distributive, le diverse modalità distributive appaiono sufficientemente sostituibili dal punto di vista dell'acquirente finale da escludere che si debba distinguere un mercato dell'abbigliamento per bambini venduto attraverso il canale del *franchising*.

[151] Comunicazione della Commissione sulla definizione del mercato rilevante, *cit*.

nibile a spostarsi il consumatore finale, in presenza di condizioni di mercato omogenee e in ragione della sovrapposizione tra bacini di utenza di dimensione locale.

La Commissione riconosce che il ricorso ad una soglia in termini di quota di mercato determina un certo grado di incertezza per le imprese circa l'applicazione del regolamento di esenzione per categoria, a causa della difficoltà nella definizione dei mercati. Basti ricordare che ciascuno dei due aspetti del mercato rilevante comporta la determinazione di ulteriori elementi. Ad esempio, per la dimensione merceologica, andrebbe determinato il grado di sostituibilità dal punto di vista dell'offerta e della domanda e, in tale ambito, andrebbe, tra l'altro, valutata l'effettiva sostituzione tra i prodotti nel recente passato (utilizzando specifici *test* quantitativi che impiegano tecniche econometriche e statistiche, come la stima dell'elasticità e dell'elasticità incrociata rispetto al prezzo della domanda di un prodotto) e gli ostacoli ed i costi al passaggio a potenziali prodotti sostitutivi. Per la definizione del mercato geografico, andrebbero analizzati i dati relativi al dirottamento degli ordini verso altre zone nel passato, le caratteristiche fondamentali della domanda, la distribuzione geografica corrente degli acquisti, i flussi commerciali e delle spedizioni nonché gli ostacoli ed i costi attesi al passaggio a fornitori ubicati in un'altra zona[152].

Negli *Orientamenti* la Commissione non si sofferma sul tema della definizione del mercato rilevante dal lato degli approvvigionamenti, ponendo il problema della sua corretta individuazione. Il mercato rilevante in cui va calcolata la quota dell'acquirente non coincide infatti necessariamente con quello in cui viene calcolata la quota del fornitore. Dato che l'obiettivo è la valutazione del potere di mercato dell'acquirente, nell'individuazione del mercato rilevante dal lato degli acquisti ciò che conta sono le possibilità di sostituzione esistenti per i fornitori. Qualche spunto sul tema può essere tratto dalle decisioni della Commissione in materia di concentrazioni. Per esempio, nella decisione sulla concentrazione *Rewe-Meinl*, la Commissione ha osservato che "secondo la prassi corrente della Commissione e la giurisprudenza della Corte di Giustizia, ai fini della delimitazione del mercato, va tenuto conto innanzitutto del punto di vista del consumatore (...). La situazione è tuttavia diversa per la delimitazione dei mercati di approvvigionamento (*procurement markets*). In questo caso, determinanti per la delimitazione del mercato sono la flessibilità, per quanto concerne la modificazione dell'offerta da parte dei produttori, e le alternative di cui questi dispongono in relazione allo smercio dei loro prodotti. Di norma, i produt-

---

[152] Per un approfondimento cfr., anche, LIBERTINI M., *op. cit.*, p. 175 ss.

tori fabbricano singoli prodotti o categorie di prodotti e non sono necessariamente in grado di passare alla produzione di altri articoli"[153].

Ai fini dell'applicazione del regolamento, la quota di mercato del fornitore va calcolata in base ai dati relativi al valore delle vendite sul mercato e quella dell'acquirente in base ai dati relativi al valore degli acquisti sul mercato. Se i dati in valore non sono disponibili possono essere effettuate stime verificabili, basate su altre informazioni affidabili quali i dati relativi ai volumi delle vendite e degli acquisti[154]. Devono essere utilizzati i dati relativi all'anno civile precedente.

Nonostante la produzione di un bene intermedio per uso proprio possa presentare un notevole rilievo ai fini dell'analisi della concorrenza in quanto costituisce un elemento di pressione concorrenziale, oppure perché accentua la posizione di un'impresa in un mercato, essa non rileva ai fini del calcolo della quota di mercato[155].

Nel caso della distribuzione duale dei beni finali, quando cioè il fornitore opera anche come distributore del prodotto oggetto del contratto con una propria rete integrata, nel calcolo della quota di mercato del fornitore vanno inclusi anche i prodotti venduti da quest'ultimo attraverso la propria rete[156].

Infine, quando un accordo verticale riguarda la distribuzione di diversi prodotti del fornitore, se non si può configurare un unico mercato rilevante "per il portafoglio di prodotti", può verificarsi che per alcuni prodotti la quota di mercato sia inferiore alla soglia del 30% e che per altri la superi. In questi casi l'accordo verticale è coperto dall'esenzione per categoria solo per i prodotti che rispettano la soglia. Per gli altri prodotti, la compatibilità dell'accordo verticale con la disciplina andrà accertata sulla base dei normali criteri di valutazione, indicati negli *Orientamenti*. Nel caso in cui risultino profili di incompatibilità, dovranno essere apportate le modifiche necessarie per eliminare i profili restrittivi.

L'utilizzo della quota di mercato come discriminante per l'applicazione o meno dell'esenzione per categoria presenta un elemento di criticità connesso alla fluttuazione della stessa quota. La difficoltà di determinare la quota di mercato è, infatti, tanto più consistente quanto più il mercato preso in esame sia soggetto a modifiche e a cambiamenti, in termini di prodotto e di territorio, in conseguenza all'evoluzione, all'integrazione e alla

---

[153] Commissione Europea, dec. del 3 febbraio 1999, *Rewe/Meinl*, caso IV/M.1221, in GUUE, L. 274, 23 ottobre 1999, p. 1.
[154] Cfr. *Orientamenti sulle restrizioni verticali*, n. 93.
[155] Cfr. *ivi*, n. 94.
[156] Cfr. *ivi*, n. 95.

globalizzazione dell'economia. La fluttuazione può dipendere da elementi interni o esterni all'impresa. La quota di mercato, cioè, può variare come conseguenza di attività ed iniziative assunte dall'impresa stessa (come, ad esempio, il lancio di un prodotto più competitivo e l'acquisizione di un concorrente) o in funzione di eventi del tutto autonomi e indipendenti rispetto all'impresa e sui quali la stessa non ha alcun potere (quali, ad esempio, la cessazione dell'attività di un concorrente, una campagna promozionale e l'incidenza del commercio elettronico).

A tale proposito il regolamento prevede, in caso di modifica della quota di mercato, un *grace period* di due anni per le fluttuazioni entro il 5% dalla soglia limite e di un anno per le fluttuazioni oltre il 5%[157]. Entro i suddetti termini, le imprese sarebbero tenute ad apportare agli accordi interessati gli adeguamenti necessari in funzione della nuova quota detenuta.

Pur apprezzando lo spirito della soluzione adottata, va evidenziato che, nella pratica, potrebbe risultare ben difficile addivenire ad una modifica dei rapporti contrattuali in essere nei tempi sopra indicati. Ciò senza considerare le situazioni in cui le parti non condividano l'analisi di mercato che ha portato a ritenere superata la soglia limite e le modifiche che si intendono apportare al contratto in essere[158]. Non appare poi giustificata la differenza tra i periodi di grazia concessi, in quanto il tempo richiesto per valutare se l'incremento della quota sia effettivamente consolidato e in che misura o non sia, invece, un effetto meramente transitorio, nella generalità dei casi, non varia in funzione della consistenza dell'incremento stesso[159].

---

[157] Cfr. art. 7, lett. d) ed e), del Reg. n. 330/2010.

[158] In tal caso una negoziazione *ad hoc* comporterebbe un significativo sforzo in termini di tempo, di risorse e di costi, oltre al rischio di dover addivenire a tanti accordi diversi quanti sono i partecipanti alla rete distributiva. La necessità di una disciplina contrattuale omogenea e della tempestiva modificabilità della stessa potrebbe condurre a ritenere indispensabile l'inserimento di una previsione nell'accordo che al variare della quota di mercato attribuisca, ad esempio, al fornitore il diritto di apportare unilateralmente le opportune modifiche contrattuali ed al rivenditore la sola facoltà di recesso, in caso di non accettazione delle modifiche stesse. Il recesso, spesso, potrebbe però costituire un'alternativa solo teorica per il rivenditore, che abbia la sua fonte di reddito prevalentemente legata all'accordo in questione. Cfr. RINALDI R., *op. cit.*, p 495.

[159] *Ibidem*. È noto, ad esempio, come in alcuni settori di mercato durante una campagna promozionale (come l'offerta di uno sconto o di premi abbinati all'acquisto del prodotto) si possano realizzare spostamenti di quote di mercato anche significative a favore dell'impresa proponente ma che, di norma, non si consolidano alla scadenza della promozione stessa. In altri, termini le offerte promozionali possono portare ad incrementi temporanei della quota di mercato ma non necessariamente alla fidelizzazione del cliente e, cioè, alla sua acquisizione su base permanente. Poiché le esigenze che giustificano il periodo di grazia sono le stesse sia se l'incremento sia entro il 5% dal limite della quota di mercato massima che oltre, la discriminazione adottata nella definizione dei periodi di grazia appare infondata.

9. L'impatto del sistema della doppia soglia

La nuova disciplina dovrebbe ridurre i costi dei falsi negativi, poiché esclude dall'esenzione per categoria intese sollecitate da distributori con forte potere di mercato, che potrebbero restringere la concorrenza in presenza di effetti di rete nel mercato a monte. Come già detto, nel vigore del precedente regolamento, la Commissione e le Autorità *antitrust* nazionali potevano intervenire con lo strumento della revoca e la prima aveva, altresì, il potere – in realtà mai esercitato – di dichiarare inapplicabile l'esenzione per categoria con apposito regolamento. Tuttavia, le istituzioni competenti potevano non venir mai a conoscenza dell'intesa illecita, ritenere non prioritario l'avvio di un procedimento *ad hoc* o manifestare una certa ritrosia a revocare l'esenzione disposta da un regolamento comunitario. In ogni caso, poi, la revoca e il regolamento di disapplicazione dell'esenzione per categoria non potevano porre rimedio ai guasti verificatisi *medio tempore*. Ciò nonostante, i benefici in termini di riduzione dei falsi negativi appaiono limitati dal fatto che la Commissione abbia dovuto ripiegate su un parametro meno indicativo della quota detenuta dall'acquirente nel mercato a valle.

Va, anche, osservato che la nuova doppia soglia elimina l'ingiustificata differenza di trattamento che esisteva, sotto il vecchio regolamento, tra accordi di *exclusive supply* e le altre restrizioni verticali che sollevavano preoccupazioni simili sul piano concorrenziale, quali gli accordi di distribuzione esclusiva e di allocazione esclusiva di clienti[160].

Per altro verso, la limitazione del raggio d'azione del *safe harbour* comporta un incremento dei costi applicativi per le imprese, le corti e le Autorità *antitrust*. Il nuovo sistema costringe le imprese a stimare – e monitorare continuamente nel corso della vigenza dell'accordo – le quote di mercato non soltanto del fornitore, ma anche di un numero potenzialmente elevato di acquirenti, obbligandole a raccogliere una notevole mole di informazioni spesso difficilmente reperibili e ad avventurarsi in una complessa analisi dell'impatto concorrenziale delle intese, nel caso in cui uno o più distributori superino, *ab origine* o successivamente, la soglia del 30%. Inoltre, l'innovazione introdotta dalla Commissione dovrebbe verosimilmente condurre ad un aumento del contenzioso *antitrust* e delle segnalazioni alle Autorità amministrative competenti, anche in ipotesi di intese verticali prive di un reale impatto anticoncorrenziale.

Al contempo, il sistema della doppia soglia dà origine a un incremento

---

[160] Cfr. *Orientamenti sulle restrizioni verticali*, n. 151.

dei costi dei falsi positivi, in conseguenza non soltanto della possibile erronea condanna di intese non realmente anticompetitive, ma anche dell'effetto disincentivante prodotto dal nuovo regime. Esso potrebbe indurre le imprese a non utilizzare restrizioni sostanzialmente procompetitive per evitare il c.d. rischio *antitrust*, in considerazione del significativo margine d'apprezzamento – e, in certa misura, d'imponderabilità – insito nella valutazione del carattere restrittivo di un'intesa e, soprattutto, dell'esistenza delle condizioni richieste per beneficiare di un'esenzione individuale.

Sulla base di queste considerazioni è possibile affermare che l'applicazione positiva del regolamento n. 2790/1999 avrebbe potuto giustificare il mantenimento di un approccio basato su un'unica soglia di quota di mercato[161], privilegiando l'esigenza da parte delle imprese di certezza giuridica circa la compatibilità degli accordi con l'art. 101.1 del TFUE[162].

L'introduzione della doppia soglia sembra implicitamente fondata sulla constatazione della sostanziale inefficacia delle previsioni in tema di revoca e disapplicazione dell'esenzione per categoria. Poiché si riteneva che tali strumenti non consentissero di esercitare un'incisiva azione correttiva e preventiva nei casi di effetti di reti prodotti da intese stipulate da acquirenti dotati di forte potere di mercato, occorreva interrogarsi sulla possibilità di rafforzarli[163].

10. Le deroghe alla regola generale della doppia soglia

Alla regola generale della doppia soglia il regolamento n. 330/2010, all'art. 2, indica una serie di deroghe, che si giustificano in ragione dell'esistenza di particolari situazioni, in presenza delle quali non si applica

---

[161] Di questo parere, FAELLA G., *Adelante con juicio – Limiti e occasioni perse della nuova esenzione per categoria delle intese verticali*, op. cit., p. 38 che a sostegno della sua tesi argomenta che "anche quando la quota detenuta dal distributore nel mercato a monte dell'acquisto rappresenti un indicatore affidabile del possibile impatto concorrenziale di un'intesa, perché il rischio di effetti anticompetitivi sia significativo occorre, di norma, che il fornitore detenga un rilevante potere di mercato o, quantomeno, che le medesime restrizioni verticali sia utilizzate da diversi produttori, con conseguenti effetti a rete".

[162] Il ridimensionamento dell'esenzione per categoria aumenta, infatti, il novero degli accordi valutati dalla Commissione europea in base ai criteri delineati negli *Orientamenti*, che non sono giuridicamente vincolanti per le Autorità nazionali di concorrenza e per i giudici nazionali.

[163] Cfr. FAELLA G., *Adelante con juicio – Limiti e occasioni perse della nuova esenzione per categoria delle intese verticali*, op. cit., pp. 40-41, secondo cui, a tal fine, la Commissione avrebbe potuto attribuire il potere di revoca ai giudici nazionali, prevedere specifiche forme di coinvolgimento delle Autorità *antitrust* degli Stati membri nel processo che conduce alla dichiarazione di inapplicabilità dell'esenzione per categoria, relativamente ai mercati rientranti nei mercati statali, e promuovere un'intensificazione delle attività di monitoraggio dei membri dell'ECN.

il principio dell'esenzione per le intese che non raggiungono la soglia del 30%, occorrendo anche il verificarsi di altre condizioni, analiticamente indicate dalla norma.

La prima deroga è quella prevista per gli accordi verticali conclusi da un'associazione di imprese e i suoi membri oppure tra un'associazione e i suoi fornitori. Essa trova giustificazione nella considerazione che tali imprese sono in grado di esprimere un potere di mercato notevole – in ragione della forza del vincolo associativo – anche se nessuna impresa (se considerata singolarmente) dovesse superare la soglia del 30%[164].

La seconda deroga riguarda quegli accordi che contengono disposizioni relative alla cessione o alla licenza di diritti di proprietà intellettuale (ovverosia *know-how,* brevetti, marchi, insegna; il caso classico è quello del contratto di *franchising*), che sono esentati solo quando la restrizione sia strettamente strumentale all'utilizzazione o alla rivendita dei beni o servizi oggetto del contratto[165].

La terza deroga riguarda le intese verticali concluse tra imprese concorrenti che operino, ai soli fini dell'accordo, su livelli diversi della catena di produzione o distribuzione di un bene o di un servizio[166]. Questa disposizione è stata criticata sulla base della considerazione che tale intesa non ridurrebbe la concorrenza, e anzi la incrementerebbe, giacché le imprese sarebbero in grado di offrire ai propri clienti, insieme ai loro, anche i prodotti dei concorrenti, aumentando il numero degli sbocchi, le possibilità di scelta del consumatore e la comparabilità dei prezzi e delle condizioni di transazione[167]. Deve ritenersi, tuttavia, che tale deroga si giustifichi per il

---

[164] Art. 2, par. 2, Reg. 330/2010. Tali accordi possono beneficiare dell'esenzione generale solo "a condizione che tutti i membri siano distributori al dettaglio di beni e che nessuno dei singoli membri dell'associazione, insieme alle imprese ad esso collegate, realizzi un fatturato annuo complessivo superiore a 50 milioni di euro".

[165] Secondo l'art. 2, par. 3, Reg. n 330/2010, l'esenzione si applica solo se risultino soddisfatti i seguenti tre requisiti: che le restrizioni relative ai diritti di proprietà intellettuale "non costituiscano l'oggetto primario degli accordi", che siano "direttamente collegate all'uso, alla vendita o alla rivendita di beni o servizi da parte dell'acquirente o dei suoi clienti" e che "non contengono restrizioni della concorrenza aventi lo stesso oggetto o effetto di restrizioni verticali non esentate".

[166] Ciò significa, ad esempio, che l'accordo può essere concluso fra un'impresa che operi come produttrice e come grossista e un'altra che operi come grossista e come venditrice al dettaglio, qualora l'intesa restrittiva della concorrenza coinvolga la prima impresa come produttrice e la seconda come grossista (oppure la prima come grossista e la seconda come venditrice al dettaglio).

[167] Cfr. MANZINI P., *op. cit.*, p. 567. Secondo l'art. 2, par. 4, del Reg. 330/2010, l'esenzione si applica a tale tipo di intese qualora "le imprese concorrenti concludano tra loro un accordo verticale non reciproco" e qualora sussista, alternativamente, una delle seguenti condizioni: a) il fornitore sia al tempo stesso produttore e distributore di beni, mentre l'acquirente sia solo distributore degli stessi; b) il fornitore sia un prestatore di servizi a differenti stadi commerciali, mentre l'acquirente non fornisce servizi concorrenti allo stadio commerciale in cui esso acquista i servizi oggetto del

fatto che essa permette di coordinare e controllare l'effettiva messa in pratica di eventuali restrizioni orizzontali della concorrenza[168].

contratto. Occorre segnalare che nel nuovo quadro regolamentare è venuto meno il riferimento al limite del fatturato realizzato dall'acquirente (fatturato complessivo annuo non superiore a 100 milioni di euro), contemplato dal precedente Reg. n 2790/1999. Tale condizione è stata cancellata nel nuovo testo perché l'esperienza ha dimostrato che, in certi mercati (specie locali), un fatturato di tale importo può individuare il principale o il maggiore operatore del mercato. Cfr. ERRICO P., *La nuova disciplina comunitaria delle intese verticali*, in "Le nuove leggi civili commentate", 2011, vol. 6, p. 1411.

[168] Cfr. DELLI PRISCOLI L., *Le restrizioni verticali della concorrenza*, 2002, Milano: Giuffrè, p. 70. Si pensi, ad esempio, all'accordo verticale per la distribuzione concluso tra due imprese (per ipotesi *Stefanel* e *Benetton*: in tale accordo sarebbe previsto che *Stefanel* distribuisca anche i prodotti *Benetton* e quest'ultimo anche i prodotti *Stefanel*) che si siano in precedenza accordate per praticare entrambe lo stesso prezzo ai consumatori. Tale intesa permette ad entrambe di controllare meglio la fase attuativa dell'intesa, fissando il prezzo stabilito in sede di accordo orizzontale.

3. Le restrizioni fondamentali, le restrizioni escluse e la revoca del beneficio dell'esenzione

11. L'approccio generale alle restrizioni fondamentali

Il processo di revisione della disciplina in tema di intese verticali non ha condotto a cambiamenti sostanziali nella lista delle restrizioni fondamentali (o *hardcore restrictions*). Per fornire alcuni chiarimenti interpretativi e rimuovere le incongruenze del previgente sistema, la Commissione ha introdotto alcune innovazioni nel testo del precedente regolamento e negli *Orientamenti*, che si sono tradotte in un lieve allargamento delle maglie del regime delle intese verticali. Nonostante ciò, il trattamento delle restrizioni fondamentali continua ad essere improntato ad una sostanziale chiusura, che non lascia significativi margini d'azione alle imprese.

L'introduzione negli accordi verticali delle restrizioni gravi[169] è stata sempre considerata, nei precedenti regolamenti, causa di esclusione dell'intero accordo dal beneficio dell'esenzione, indipendentemente dalle quote di mercato detenute dalle imprese. Questo trattamento veniva giustificato sulla base del duplice assunto secondo cui le restrizioni in esame, da un lato, erano certamente gravemente restrittive della concorrenza a prescindere dalla posizione di mercato degli operatori interessati e, dall'altro, erano incapaci di generare efficienze rilevanti ai fini dell'art. 81.3 del TCE.

La revisione del regolamento n. 2790/1999 ha rappresentato un'occasione per discutere la possibilità di superare la suddetta impostazione nei confronti delle restrizioni gravi, riconoscendo anche a queste ultime potenziali di efficienza analoghi ad altre restrizioni verticali. A tal fine, in linea teorica, si prospettavano diverse soluzioni alternative, quali[170]:

• La completa rimozione della lista delle restrizioni gravi dal regolamento, attribuendo anche a queste ultime una soglia di esentabilità (uguale o inferiore a quella relativa a tutte le altre restrizioni) e richiedendo alle Autorità *antitrust* una valutazione degli effetti nei mercati interessati;

• L'assimilazione del trattamento delle restrizioni gravi a quelle delle cc.dd. restrizioni escluse già presenti nel precedente regolamento, che avrebbe consentito l'esclusione degli accordi in questione dall'esentabilità automatica, lasciando tuttavia ampio spazio alla valutazione caso per caso da parte delle Autorità *antitrust;*

---

[169] Nel Reg. n. 2790/1999 le restrizioni della *black list* erano qualificate come gravi, mentre nel nuovo Reg. n. 330/2010 sono indicate in maniera più neutra come "fondamentali".
[170] Cfr. SICCA R., *op. cit.*, p. 818.

• Il mantenimento dell'impianto del previgente regolamento, attribuendo alle *Linee Guida* il ruolo di consegnare agli operatori un chiaro messaggio di modernizzazione verso una genuina volontà di prendere seriamente in considerazione eventuali dimostrazioni di efficienza da parte delle imprese.

Con tutta evidenza, ciascuna delle sopracitate soluzioni avrebbe potuto produrre un impatto differente sia sulle scelte future delle imprese, sia sul ruolo delle Autorità *antitrust* nella valutazione della restrittività delle intese e della loro eventuale esentabilità. Emblematiche sono al riguardo le posizioni pubblicamente espresse da due Autorità nazionali della concorrenza – quella francese e quella olandese – che hanno partecipato alle discussioni con la Commissione, nel corso dei lavori preliminari e nell'ambito del Comitato consultivo con tutte le altre Autorità dell'Unione.

L'Autorità francese, in particolare, ha sostenuto che la soluzione migliore per la futura regolazione di esenzione fosse quella di mantenere la precedente impostazione basata sulla esplicita individuazione della *"black list"*, pur nella consapevolezza dell'importanza di analizzare eventuali efficienze anche nei casi di restrizioni gravi[171].

Diversa la posizione dell'Autorità olandese, secondo la quale anche per le restrizioni considerate tradizionalmente gravi, in particolare per l'RPM[172], si sarebbe dovuto attuare un approccio più flessibile di valutazione caso per caso[173].

Le diverse posizioni sostenute dalle due Autorità rispecchiavano la specifica esperienza istruttoria svolta dalle stesse in relazione alle fattispecie di restrizioni verticali e, in particolare di quelle gravi. Emerge, infatti, che nel periodo 2000-2010 l'Autorità francese ha assunto ben 42 decisioni in applicazione del precedente regolamento di esenzione, 18 delle quali riguardavano restrizioni di prezzo (RPM) che, nella maggior parte dei casi, si sono concluse con l'applicazione di sanzioni. In relazione alla propria politica di *enforcement*, l'Autorità francese ha evidenziato, con un'attenta analisi degli effetti, come nei casi di RPM fosse prevalso, da un lato, l'impatto anticoncorrenziale e, dall'altro, l'assenza di evidenza di effetti procompetitivi.

L'Autorità olandese, viceversa, negli ultimi anni non ha mai assunto decisioni sanzionatorie nei confronti delle restrizioni gravi, pur avendo ri-

---

[171] Cfr. Autoritè de la concurrence, *Opinion of 28 September on the review of EC regulation n. 2790/99 and of the guidelines on vertical restraints*, in European Commission - <http://ec.europa.eu>.
[172] *Resale price maintenance* o imposizione del prezzo di rivendita.
[173] Cfr. Nederlandse Mededingingsautoriteit (NMA), *Netherland competition authority contribution to the public consultation on the review of the competition rules applicable to vertical agreements*, in European Commission - <http://ec.europa.eu>.

cevuto un elevato numero di denunce prevalentemente da parte dei consumatori. In particolare, detta Autorità ha dichiarato che, a fronte delle molteplici denunce dei consumatori, non ha mai ritenuto che vi fossero i presupposti, in termini di probabilità, del danno ai consumatori, tali da avviare un approfondimento istruttorio. Al contrario, in base alla propria esperienza, restrizioni quali l'RPM, ove adottate da imprese di piccole dimensioni, sarebbero state uno strumento di *marketing* efficiente, in quanto idonee a facilitare una più ampia affermazione sui mercati di nuovi prodotti di marca, a beneficio dei consumatori.

A fronte delle diverse posizioni espresse dalle Autorità nazionali, la soluzione prescelta per il nuovo regolamento di esenzione è stata quella di continuare, come nel regolamento precedente, a menzionare la categoria delle restrizioni fondamentali, modificandone tuttavia la disciplina valutativa negli *Orientamenti*.

Il regolamento di esenzione delinea in modo ampio il novero degli accordi verticali che perdono il beneficio dell'esenzione a causa della presenza di restrizioni *hardcore*. Infatti, il beneficio dell'esenzione viene meno per tutti gli accordi verticali che "direttamente o indirettamente, isolatamente o congiuntamente con altri fattori sotto il controllo delle parti, hanno come oggetto" una delle seguenti cinque restrizioni[174]:

• La prima restrizione fondamentale riguarda l'imposizione di prezzi di rivendita: ai fornitori non è consentito fissare il prezzo (minimo) al quale i distributori possono vendere i loro prodotti;

• La seconda restrizione fondamentale concerne le limitazioni relative al territorio in cui (o ai clienti ai quali) l'acquirente può vendere;

• La terza e la quarta restrizione fondamentale riguardano la distribuzione selettiva. In primo luogo, i distributori autorizzati non possono essere sottoposti a limitazioni relative agli utenti finali a cui possono vendere. In secondo luogo, i distributori autorizzati devono essere liberi di vendere (o acquisire) i beni contrattuali a (o da) altri distributori autorizzati all'interno della rete;

• La quinta restrizione fondamentale riguarda la fornitura di pezzi di ricambio. Un accordo tra un produttore di pezzi di ricambio e un acquirente che li incorpora nei suoi prodotti, non può impedire o limitare le vendite da parte del produttore di questi pezzi di ricambio agli utenti finali, ai riparatori indipendenti o ai prestatori di servizi.

L'ampiezza della definizione adottata risponde alla necessità di evitare

---

[174] Art. 4, Reg. n. 330/2010.

facili elusioni della regola. D'altra parte, però, la possibilità che l'esistenza di una restrizione fondamentale venga dedotta sulla base di elementi indiretti, riguardanti in particolare gli incentivi delle parti, costituisce una fonte di notevole incertezza per le imprese. Posto che la qualificazione di un accordo, come contenente una restrizione fondamentale, comporta gravi conseguenze giuridiche, ai fini probatori è necessario che questa sia chiara ed esplicita, non potendosi desumere implicitamente la sua esistenza.

Nel Reg. n. 2790/1999, queste clausole erano soggette ad un regime di quasi divieto *per se*, per cui l'esenzione individuale di un accordo che le conteneva era considerata dalla Commissione "improbabile"[175]. Nell'attuale testo degli *Orientamenti* resta il riferimento all'improbabilità di un'esenzione in presenza di restrizioni fondamentali, ma tale valutazione è derubricata a presunzione relativa che le imprese possono far venir meno ogni qual volta si dimostri, nel caso individuale, la sussistenza di effetti proconcorrenziali (*efficiency defence*). In particolare, al punto 47, si dice che "le imprese hanno (…) la possibilità di dimostrare l'esistenza di effetti favorevoli alla concorrenza, ai sensi dell'art. 101, paragrafo 3, in un caso individuale". A questo punto, la Commissione è tenuta a fare un passo indietro, verificando in concreto – e non più semplicemente presumendo – gli effetti restrittivi, per poi stabilire in via definitiva se sussistano effettivamente i presupposti per beneficiare di un'esenzione individuale[176].

---

[175] Cfr. *Linee direttrici sulle restrizioni verticali*, n. 46.

[176] Il nuovo linguaggio adottato dalla Commissione negli *Orientamenti* appare più in linea con le indicazioni provenienti dalla giurisprudenza e dal mondo economico. Le corti europee hanno, infatti, sostenuto che in linea di principio non vi può essere "una prassi concorrenziale la quale, quale che sia l'intensità dei suoi effetti su un determinato mercato, non possa essere esentata, qualora siano cumulativamente soddisfatte le condizioni stabilite dall'art. 85, n.3, del Trattato". Cfr. Tribunale primo grado, 15 luglio 1994, *Matra Hachette Sa* c. *Commissione delle Comunità Europee*, causa T-17/93, in *Raccolta*, 1994, p. II-595. D'altra parte, mentre per i cartelli tra imprese un divieto di per sé è comunemente ritenuto un approccio accettabile, sia dai giuristi che dagli economisti, la desiderabilità di forti presunzioni negative per le restrizioni verticali è controversa. Un chiaro esempio è fornito dalla valutazione in base al diritto *antitrust* della fissazione verticale dei prezzi e dell'imposizione dei prezzi minimi. In una prospettiva economica, il principale rischio per la concorrenza è che questo tipo di accordi sostenga un'intesa collusiva; per altro verso, è risaputo che possono esistere numerose giustificazioni proconcorrenziali di queste pratiche, che non consentono di presumere una costante prevalenza dell'impatto negativo sul mercato. Un'ulteriore spinta verso un mutamento nel trattamento delle restrizioni fondamentali è provenuta dalla Corte suprema degli Stati Uniti che, con la sentenza *Leegin* (Corte Suprema Stati Uniti, *Creative Leather Products Int.* c. *PSKS Inc.*, 551 U.S. 877, 2007), per la prima volta dopo quasi un secolo, ha cambiato metodo valutativo con riferimento alle clausole di RPM, sostituendo un approccio basato sulla *rule of reason* alla *per se condemnation theory*. Per un approfondimento Cfr. CARUSO B., *op. cit.*, p. 798 ss. Pertanto, anche se nell'Unione europea appariva poco realistico pensare di giungere ad una valutazione basata sulla *rule of reason*, una presunzione quasi assoluta di incompatibilità delle restrizioni fondamentali con l'art. 101.1 del TFUE sembrava ingiustificata.

L'esplicito riconoscimento dell'esentabilità delle clausole *hardcore* non implica alcun cambiamento sostanziale della disciplina delle intese verticali, trattandosi di un mero chiarimento circa l'interpretazione del combinato disposto dei parr. 1 e 3 dell'art. 101 del TFUE, ma l'uso di toni più possibilisti segnala un auspicabile mutamento dell'atteggiamento della Commissione nell'analisi delle restrizioni fondamentali, in direzione di una maggiore apertura nei confronti di eventuali giustificazioni efficientiste. Nell'ottica degli uffici della Commissione, l'approccio delineato negli *Orientamenti* dovrebbe tradursi, di fatto, in una sorta di *rule of reason*[177] strutturata con inversione dell'onere della prova[178]: in prima battuta, si presume che le restrizioni fondamentali abbiano effetti anticompetitivi e le parti siano tenute a dimostrare l'esistenza di guadagni di efficienza rilevanti ai sensi dell'art. 101.3 del TFUE. Soltanto nel caso in cui sia soddisfatto siffatto (elevato) onere probatorio, la Commissione è tenuta a verificare se la pratica produca effetti restrittivi tali da escludere la possibilità di beneficiare di un'esenzione individuale.

Tale approccio desta perplessità sia sul piano teorico che su quello pratico. Sul piano teorico, non convince il fatto che, per indurre la Commissione a un'analisi più approfondita dell'effettivo impatto anticoncorrenziale di un'intesa, le imprese debbano fornire la dimostrazione di guadagni d'efficienza rilevanti ai sensi dell'art. 101.3 del TFUE e non possono limitarsi a dimostrare, pur sempre con inversione dell'onere della prova, che la pratica contestata non sarebbe comunque idonea a produrre, in concreto, apprezzabili effetti restrittivi. Negli *Orientamenti*, la Commissione si premura di precisare che, sebbene la dimostrazione dei guadagni d'efficienza e il conseguente apprezzamento dei concreti effetti restrittivi a livello giuridico siano due fasi distinte, le stesse "possono in pratica essere un processo iterativo in cui le parti e la Commissione integrano e migliorano le rispettive argomentazioni in diverse fasi". Resta il fatto che, secondo gli *Orientamenti*, per aprire la fase dell'analisi approfondita e dialettica, le imprese dovrebbero allegare e provare effetti benefici rilevanti ai sensi dell'art. 101.3 del TFUE.

---

[177] Valutare un comportamento in base alla *rule of reason* (o c.d. regola della ragionevolezza) significa considerarlo un illecito anticoncorrenziale solo se si può provare che i suoi effetti hanno impedito o ristretto la concorrenza in modo ragionevole. L'applicazione della *rule of reason* rende, pertanto, necessaria una esplicita valutazione delle conseguenze del comportamento. Sul punto cfr. GRILLO M., *Antitrust*, in "Rivista di politica economica", maggio-giugno 2006, p. 342. La *rule of reason* è uno dei principi cardine della Common Law; si v. DI VIA L., *Alcune riflessioni sulla rule of reason ed il concetto di consistenza di una restrizione della concorrenza*, in "Diritto commerciale internazionale", 1996.

[178] Art. 2, Reg. n. 1/2003.

In assenza di tale prova, alle imprese rimane, in teoria, la possibilità di dimostrare che esse debbano considerarsi *De Minimis*. Tuttavia, tale compito appare disagevole, giacché gli *Orientamenti* non forniscono indicazioni più dettagliate circa le quote di mercato che consentono di ritenere trascurabile l'impatto concorrenziale delle restrizioni fondamentali, limitandosi a ricordare che il mancato superamento della soglia del 15%, prevista dalla comunicazione *De Minimis*, non assicura l'immunità[179].

Sul piano applicativo, l'impatto della maggior apertura manifestata dalla Commissione sembra destinato ad essere marginale. In presenza di analisi altamente complesse e discrezionali, quali quelle concernenti l'impatto concorrenziale delle intese verticali e i possibili guadagni d'efficienza[180], l'allocazione dell'onere della prova finisce per costituire un fattore determinante per decidere le sorti di un giudizio o di un procedimento antitrust[181]. E non si può trascurare il fatto che la necessità di affrontare costi elevati per la *efficiency defence* possa scoraggiare proprio le imprese di minore dimensione a porre in essere tali pattuizioni, producendo un effetto opposto a quello auspicato dalla stessa Commissione. Infatti, da un lato, sono

---

[179] Va, comunque, ricordato che in presenza di quote di mercato molto piccole, la giurisprudenza comunitaria ha già riconosciuto in passato che un accordo verticale che contiene restrizioni fondamentali può essere ritenuto compatibile con l'art. 101.1 del TFUE. Inoltre, gli *Orientamenti* non escludono un'evoluzione del *case-law* in presenza di piccole quote di mercato. Si v. Corte di Giustizia Europea, sent. del 6 maggio del 1971, *Cadillon* c. *Hoss*, causa C-1/71, in *Raccolta*, 1971, p. 351. In questo caso la Corte ha sostenuto che un accordo di esclusiva può non ricadere sotto il divieto dell'art. 85.1 per il fatto che, in vista della scarsa importanza degli interessati sul mercato di cui trattasi nella zona d'esclusiva, esso pregiudichi il mercato in misura irrilevante. Ciò vale tanto più se l'accordo non vieta le importazioni parallele nella zona d'esclusiva, né la riesportazione da parte del concessionario.

Con riferimento all'elenco delle restrizioni fondamentali contenuto nella comunicazione *De Minimis*, la Commissione utilizza un linguaggio volutamente prudente, sostenendo che il divieto di cui all'art. 101.1 del TFUE può applicarsi in "taluni casi" anche al di sotto della soglia di quota di mercato del 15% a condizione che le restrizioni abbiano "un effetto sensibile sugli scambi fra gli Stati membri e sulla concorrenza"; come guida all'applicazione viene fatto rinvio alla giurisprudenza dei tribunali comunitari. Cfr. *Orientamenti sulle restrizioni verticali*, n. 10.

[180] L'esperienza ha mostrato che il compito di dimostrare la sussistenza di queste condizioni è arduo, soprattutto per quanto concerne la prova dell'indispensabilità della restrizione. Cfr. BRUZZONE G. e SAIJA A., *Le regole europee del 2010 sugli accordi verticali: approccio economico e utilizzo delle presunzioni giuridiche, op. cit.*, p. 650.

[181] Negli Stati Uniti, le asperità della *rule of reason*, adottata nella prassi dalle corti nordamericane si sono tradotte nella liceità *de facto* della maggior parte delle restrizioni verticali, in virtù della estrema difficoltà di soddisfare l'elevato onere probatorio posto a carico delle vittime di un presunto illecito antitrust. Con riferimento alle restrizioni fondamentali è verosimile che le difficoltà insite nell'analisi di ragionevolezza e la tradizionale ostilità delle autorità *antitrust* nei confronti di dette pratiche rendano tale presunzione un ostacolo sostanzialmente insormontabile. Cfr. FAELLA G., *Adelante con juicio – Limiti e occasioni perse della nuova esenzione per categoria delle intese verticali, op. cit*, pp. 43-44.

proprio le imprese minori che, tramite le restrizioni verticali, possono aumentare la loro efficienza distributiva (si pensi all'uso delle restrizioni di prezzo per affermare l'ingresso di nuovi marchi in concorrenza con quelli già presenti nel mercato); dall'altro, l'esiguità delle quote di mercato delle imprese minori riduce il rischio di effetti restrittivi significativi nei mercati rilevanti.

Proprio in ragione della difficoltà della prova, anche se in linea di principio la possibilità per un'impresa di dimostrare che uno specifico accordo soddisfi le condizioni di cui all'art. 101.3 del TFUE non può essere limitata *a priori* ad un sottoinsieme di possibili scenari, è assai probabile che le imprese faranno soprattutto riferimento a quegli effetti di efficienza che la Commissione, negli *Orientamenti*, si dichiara disponibile a considerare per le singole tipologie di restrizioni verticali.

In linea con quanto finora rappresentato, si segnala anche la scelta, indubbiamente opportuna, della Commissione di abbandonare il riferimento alla "gravità" della restrizione, presente nelle precedenti *Linee Guida* del 2000 (ma non anche nel regolamento del 1999).

Dal riferimento alla gravità della restrizione, infatti, l'interprete avrebbe potuto dedurre che le restrizioni fondamentali rientrassero *a priori* nelle restrizioni per oggetto e quindi fossero condannabili per se[182]. Seppure a prima vista trascurabile, tale modifica. rispetto al precedente testo, riflette i principi recentemente riaffermati dalla Corte di Giustizia, proprio in relazione a un caso riguardante un'intesa verticale. Come precisato dalla giurisprudenza, "qualora un accordo non soddisfi tutte le condizioni previste da un regolamento di esenzione, esso ricade nel divieto di cui all'art. 81, n. 1, CE solo se ha per oggetto o per effetto di restringere sensibilmente la concorrenza all'interno del mercato comune"[183], là dove l'oggetto e l'effetto anticoncorrenziale sono condizioni alternative[184].

Pertanto, occorre anzitutto considerare l'oggetto stesso dell'intesa, tenuto conto del contesto economico nel quale quest'ultima deve trovare applicazione. E solo ove quest'esame non rivelasse un pregiudizio per la concorrenza, sarebbe necessario verificarne gli effetti.

12. L'imposizione del prezzo di rivendita

La prima restrizione verticale considerata fondamentale è quella finaliz-

---

[182] Cfr. Errico P., *op. cit.*, pp. 1418-1419.
[183] Corte di Giustizia Europea, sent. del 2 aprile 2009, *Pedro IV Servicios Sl* c.*Total Espana Sa*, causa C-260/07, in *Raccolta*, p. 2437, par. 68.
[184] Cfr. par. 3.1.3.

zata a limitare la facoltà dell'acquirente di determinare il proprio prezzo di vendita, attraverso intese volte a stabilire, direttamente o indirettamente, il prezzo fisso o il prezzo minimo a cui l'acquirente dovrà vendere i prodotti sul mercato in cui opera[185].

Secondo l'orientamento della Commissione, l'imposizione di prezzi fissi o minimi di rivendita porta all'eliminazione della concorrenza sul prezzo a livello *intrabrand*; il che per marche importanti, relative a prodotti differenziati e dotate di un certo potere di mercato, può rappresentare una fonte significativa di concorrenza. Un produttore, con rilevante potere di mercato può utilizzarla per offrire ai rivenditori un incentivo a non trattare i prodotti di modesti rivali o di nuovi entranti. Inoltre, lo strumento della fissazione verticale del prezzo da parte del produttore è spesso strumentale ad una più efficace realizzazione di forme di collusione – tacite o esplicite – orizzontali *interbrand*, perché aumenta la trasparenza del mercato, nel senso che l'uniformità del prezzo praticato a valle dai rivenditori consente ai produttori di monitorare più facilmente le condotte dei propri concorrenti e le eventuali devianze da condotte concordate[186].

La fissazione dei prezzi di rivendita è stata censurata sia nei casi in cui un singolo fornitore si accordi con i propri rivenditori affinché essi non pratichino prezzi di rivendita inferiori ad una certa soglia, sia nei casi in cui gruppi di fornitori si accordino per imporre prezzi di rivendita ai loro rivenditori (fissazione collettiva dei prezzi)[187]. Essa comprende non soltanto l'imposizione di prezzi fissi o di prezzi minimi, ma anche: 1) l'imposizione di limitazioni nella possibilità di concedere sconti; 2) la fissazione dei margini di rivendita dell'acquirente; 3) le altre misure restrittive della libertà dell'acquirente di determinare il proprio prezzo di rivendita. In passato, soltanto in rare occasioni la Commissione ha riconosciuto, nell'ambito di una valutazione individuale, che un accordo per la fissazione dei prezzi fosse legittimo[188].

---

[185] Art. 4, lett. a), Reg. n. 330/2010.

[186] In merito agli effetti procompetitivi dell'RPM, cfr. MANZINI P., *La riforma della disciplina comunitaria delle restrizioni verticali della concorrenza, op. cit.*, p. 569, secondo cui "né la letteratura economica, né dagli studi condotti dalla Commissione emerge prova che questo genere di restrizioni abbia effetti diversi ad altre restrizioni intrabrand, alle quali, di principio, il regolamento concede l'esenzione. Così come queste ultime, la determinazione del prezzo di rivendita, nella più gran parte dei casi, non sembra avere altra spiegazione che quella di porre rimedio al free riding".

[187] Cfr. Commissione europea, dec. del 25 novembre 1981, VBBB/VBVB, caso IV/428. Non è necessario che un unico prezzo di rivendita sia stato fissato collettivamente; anche la fissazione di prezzi di rivendita diversi tramite un accordo è comunque vietata.

[188] Corte di Giustizia, sent. del 3 luglio, 1985, *Binon* c. AMP, causa C-243/86, in *Raccolta*, p. 2015, par. 46, nella quale la Corte di Giustizia ha affermato che la fissazione dei prezzi per quotidiani e periodici può essere esentata ai sensi dell'art. 81.3 del TCE quando "costituisce l'unico mezzo per

Il reg. n. 330/2010 ha, pertanto, confermato l'inserimento delle clausole di RPM nelle *hardcore restrictions*[189]. Tuttavia, in occasione dell'emanazione dei nuovi *Orientamenti*, la Commissione ha evidenziato, con maggiore vigore rispetto al passato, come accanto agli effetti negativi di tali accordi, possano individuarsi possibili virtù e benefici. In particolare, vengono delineate tre specifiche ipotesi di *efficiency defense*[190]:

• Quando un fornitore introduce un nuovo prodotto, l'RPM può essere giustificata dall'esigenza di indurre il distributore ad aumentare gli sforzi di vendita, se non è possibile imporre per contratto efficaci obblighi promozionali[191];

• In un sistema di *franchising* o in un sistema distributivo simile, che applica un formato di commercializzazione uniforme, i prezzi fissi di rivendita possono essere necessari per organizzare una campagna coordinata a breve termine di prezzi ridotti a beneficio dei consumatori[192];

• L'RPM può servire a consentire ai dettaglianti di fornire servizi prevendita, in particolate per i prodotti d'esperienza (*experience goods*) o per i prodotti complessi. Con riferimento a quest'ultimo scenario, nel quale la fissazione verticale del prezzo costituisce una possibile soluzione ad un

---

far fronte all'onere economico che deriva dalla resa dell'invenduto e (...) il solo metodo per riuscire a mettere a disposizione dei consumatori un ampio assortimento di prodotti della stampa".

[189] Cfr. TORSELLO M. e FRIGNANI A., *Il contratto internazionale*, Padova: Cedam, 2010, p. 658. Secondo gli AA. Il legislatore comunitario continua all'ostracismo ad ogni vincolo imposto al distributore, in nome della libertà d'impresa di quest'ultimo e, soprattutto, per consentire ai consumatori di ottenere i beni a prezzi più vantaggiosi. Nessuna considerazione è data all'interesse del produttore affinché il suo bene sia venduto al consumatore finale al prezzo al quale egli stesso decide di far concorrenza ai propri concorrenti. A voler poi tacere il fatto che l'intervento del produttore sulla libertà di prezzo dei distributori può anche mirare a neutralizzare tentativi da parte di questi ultimi di sfruttare pienamente la propria posizione di forza a valle, nei confronti dei consumatori finali, e praticare prezzi sovra competitivi. Su quest'ultimo punto cfr. FATTORI P. e TODINO M., *op. cit.*, p. 139.
In Europa, nel vigore del previgente regolamento, le istituzioni competenti degli Stati membri avevano sviluppato orientamenti discordanti. Nel corso del processo di revisione del Reg. n. 2790/1999, le autorità *antitrust* di quattro Stati membri (fra cui quella olandese e quella ungherese) hanno messo in dubbio l'opportunità di includere la RPM nella *black list*, ma l'idea di adottare soluzioni più aperte e flessibili si è scontrata con l'approccio conservativo della maggioranza dei membri dell'ECN. Cfr. FAELLA G., *Adelante con juicio – Limiti e occasioni perse della nuova esenzione per categoria delle intese verticali, op. cit.*, p. 50.
[190] *Ivi*, n. 225.
[191] Cfr. LAO M., *Leegin and resale price maintenance – a model for emulation or for caution for the world?*, in "International review of intellectual property and competition law", 2008, p. 256. Secondo l'A. l'argomento più convincente a favore dell'RPM fa leva sul fatto che la fissazione del prezzo minimo facilita l'ingresso di nuovi produttori nel mercato.
[192] La Commissione specifica che nella maggior parte dei casi la durata di campagne di questo tipo va da 2 a 6 settimane.

problema non temporaneo di *free-riding[193]*, la Commissione richiede che le parti dimostrino "in maniera convincente che si può prevedere che l'accordo relativo all'imposizione dei prezzi di rivendita fornisca non solo i mezzi ma anche gli incentivi per superare un eventuale parassitismo tra dettaglianti relativamente a questi servizi e che i servizi pre-vendita vadano nel complesso a vantaggio dei consumatori come parte della dimostrazione del rispetto di tutte le condizioni di cui all'art. 101, paragrafo 3"[194].

La maggiore apertura nei confronti dell'RPM riflette, seppur parzialmente, i recenti sviluppi verso il *resale price maintenance* da parte della Corte Suprema degli Stati Uniti nel noto caso *Leegin[195]*, in cui si è sancito che la fissazione dei prezzi di rivendita va valutata alla luce della *rule of reason*, considerando quindi tutte le circostanze concrete in cui l'intesa si inserisce.

La Commissione, tuttavia, si è bene guardata dal convergere *in toto* sul modello statunitense: ha così riconosciuto che in talune circostanze la fissazione dei prezzi può apportare degli effetti procompetitivi ma ha tentato di circoscrivere entro un perimetro ben determinato le ipotesi di un beneficio dell'esenzione, fornendo utili indicazioni alle imprese, alle autorità nazionali e ai giudici[196]. Tale soluzione di compromesso appare quella più

---

[193] Il produttore fissando il prezzo di rivendita o imponendo un prezzo minimo di rivendita a tutti i suoi distributori, evita l'offerta di sconti che altrimenti spiazzerebbero i rivenditori impegnati nei servizi di supporto alla vendita. Di sicuro, se i servizi offerti dai rivenditori sono osservabili e verificabili, esiste una soluzione più semplice del problema, che è quella di stabilire contrattualmente il livello dei servizi. Per un approfondimento, si v. MOTTA M. e POLO M., *op. cit.*, pp. 211-212. Alla base della giustificazione dell'RMP esiste una stretta corrispondenza tra gli interessi dei produttori e quelli dei consumatori riguardo ai margini di profitto dei rivenditori. Poiché i profitti dei distributori rappresentano un costo per i produttori, il primo ha interesse a minimizzarli anche attraverso la concorrenza sui prezzi finali. Quindi, il produttore finanzierà attraverso l'RPM solo quei servizi che accrescono la domanda più di quanto non facciano aumentare i prezzi, proprio come vorrebbero i consumatori. Cfr. CUCINOTTA A., *Caso Leegin: ragionevole antitrust o salto nel buio?*, in"Foro Italiano", 2007, IV, p. 476.

[194] Cfr. BRICENO M., *Gli accordi di prezzo minimo di rivendita e il problema del free riding. Spunti per una riflessione comparata tra USA e UE*, in "Giurisprudenza commerciale", 2010, n. 1, p. 181, la quale sottolinea come la fissazione dei prezzi di rivendita difficilmente sia idonea a produrre immediati effetti positivi per la concorrenza, in particolare la riduzione del *free riding*, contestando il principale argomento economico a sostegno della restrizione riguardante il prezzo di rivendita.

[195] Il caso *Leegin*, già cit. alla nt. n. 176, aveva ad oggetto la liceità della condotta di un produttore di articoli in pelle che si rifiutava di rifornire quei venditori che praticavano sconti al di sotto dei prezzi raccomandati. L'effetto, appunto, era quello di impedire ai rivenditori di vendere i prodotti ad un prezzo inferiore a quello stabilito dal produttore. La Corte Suprema degli Stati Uniti ha affermato che tali accordi non possono essere automaticamente ritenuti illeciti; piuttosto devono essere valutati secondo la *rule of reason*, ossia ricorrendo ad un approccio c.d. di ragionevolezza che bilanci gli effetti procompetitivi e quelli restrittivi della concorrenza.

[196] La Commissione sembra così aver voluto dotare gli interpreti di un paracadute al fine di evitare quel fenomeno di complicazione del regime disciplinare efficacemente denominato "salto nel buio". Cfr. CUCINOTTA A., *op. cit.*, p. 475.

appropriata, anche alla luce delle recenti decisioni della Corte di giustizia[197].

Occorre, tuttavia, precisare, che le suddette ipotesi in cui è possibile beneficiare dell'esenzione, fanno riferimento a casi specifici senza tenere in considerazione le condizioni strutturali del mercato a valle e di quello a monte e la posizione di mercato dell'impresa. A riguardo, degli spunti di riflessione possono essere tratti da un recente lavoro di alcuni economisti dell'*Office of Fai Trading* sulla fissazione verticale dei prezzi, volto ad individuare filtri che consentono di escludere il rischio di un apprezzabile impatto anticoncorrenziale. Se nel mercato a valle in cui l'acquirente vende i prodotti e nel mercato del fornitore non vi sono potere di mercato unilaterale o un alto grado di concentrazione e se, inoltre, non vi sono reti di accordi paralleli di fissazione verticale dei prezzi che coinvolgono più fornitori che, in aggregato, detengono una quota significativa del mercato a monte, la fissazione verticale dei prezzi non comporta effetti sul piano concorrenziale. Gli autori propongono di mantenere la presunzione che la fissazione verticale dei prezzi comporti una violazione del divieto di cui all'art. 101.1 del TFUE, ma di consentire alle parti di confutare questa presunzione basandosi sui suddetti filtri[198].

Come già nel precedente Reg. n. 2790/1999, l'imposizione da parte del fornitore all'acquirente di un prezzo massimo di vendita e la raccomandazione del prezzo di vendita, non sono considerate restrizioni fondamentali, a condizione che esse non equivalgano a un prezzo fisso o a un prezzo minimo di vendita" per effetto di pressioni esercitate o incentivi offerti da una delle parti". Il Regolamento sembra dunque indicare una presunzione di validità della clausola, salvo che si provi, con ulteriori elementi, che la stessa nasconda sostanzialmente un prezzo fisso.

---

[197] Cfr. BRUZZONE G. e SAIJA A., *Le regole europee del 2010 sugli accordi verticali: approccio economico e utilizzo delle presunzioni giuridiche, op. cit.,* p. 635 ss. Le AA., benché favorevoli all'adozione di un approccio più economico che permetta alle imprese di giustificare anche la fissazione di prezzi di rivendita, ammettono che tale approccio mal si concilierebbe con le posizioni finora espresse dalla Corte di Giustizia; Cfr. Corte di Giustizia, sent del 6 ottobre 2009, *GlaxoSmithKline,* case riunite C-501/06 P e C-515/06 P, in *Raccolta,* 2009, p. I-9291.

Al contrario, cfr. REINDL A. P., *Resale Price Maintenance and Article 101: Developing a More Sensible Analytical,* in "Fordham International Law Journal" 2011, vol. 33, issue 4, p. 1318. Secondo l'A., data la ricca discussione sull'RPM che ha caratterizzato il dibattito Europeo in seguito al caso *Leegin,* è deludente che la Commissione, l'istituzione con la principale responsabilità per lo sviluppo della politica della concorrenza, abbia deciso di giocare sul sicuro e di mantenere pressoché invariato il quadro giuridico precedente, apportando solo piccole modifiche marginali con un effetto pratico praticamente nullo.

[198] Cfr. BENNET M. et al., *Resale price maintenance: explaining the controversy and small steps toward a more nuanced policy,* in "Munich Personal Repec Archive", 2010, paper n. 21121, disponibile su <http://mpra.ub.uni-muenchen.de/21121>.

Un fornitore può, pertanto, consigliare ai propri rivenditori il prezzo di rivendita dei beni acquistati[199]. Qualora, tuttavia, il fornitore eserciti pressioni sull'acquirente o anche gli fornisca soltanto incentivi, affinché non pratichi prezzi inferiori a quello consigliato, i "prezzi raccomandati" saranno considerati alla stregua di prezzi imposti o minimi e, conseguentemente, trattati come restrizioni fondamentali. Il fatto che il fornitore mantenga un sistema di monitoraggio attivo sui prezzi praticati o che stampi direttamente sul prodotto il prezzo raccomandato può essere considerato un indizio che il fornitore, dietro la parvenza di prezzi consigliati, imponga invece prezzi di rivendita. Anche subordinare, direttamente o indirettamente, la concessione di premi o di sconti ai rivenditori al fatto che abbiano praticato il prezzo raccomandato, costituisce una condotta censurabile ai sensi dell'art. 101.1 del TFUE.

Alla stessa stregua, in genere, la Commissione non considera l'imposizione da parte del fornitore di un prezzo massimo di rivendita come una violazione dell'art. 101.1 del TFUE o come una restrizione fondamentale. Tuttavia, anche il prezzo massimo di rivendita può essere equiparato ad un prezzo fisso o ad un prezzo minimo imposto e, di conseguenza, trattato come restrizione fondamentale, quando il fornitore eserciti pressioni sul rivenditore (anche per mezzo di incentivi) affinché questo non pratichi pezzi al di sotto di quelli massimi indicati[200].

Quando la quota di mercato del 30% non è superata i prezzi consigliati ed i prezzi massimi imposti sono, in linea di principio, esentati, ai sensi del Reg. n. 330/2010. Al di sopra di questa soglia, invece, essi devono formare oggetto di valutazione individuale. Secondo la prassi della Commissione, i potenziali rischi per la concorrenza, dovuti all'imposizione di prezzi rac-

---

[199] Cfr. DELLI PRISCOLI L., *op. cit.*, p. 114. Secondo l'A. la sostanziale convergenza di interessi tra produttore e distributore fa sì che molto spesso il distributore sia disposto ad assecondare di buon grado "le raccomandazioni" del produttore, perché questo gli permette normalmente di conseguire maggiori profitti. Tuttavia, può accadere che, per le più svariate ragioni, il distributore abbia, rispetto al prezzo dei prodotti di cui promuove la vendita, un interesse divergente rispetto a quello del produttore. In questi casi, però, il produttore normalmente disporrà nei confronti dei distributori dell'arma della minaccia di sciogliersi dal contratto.

[200] Un ulteriore esempio di un prezzo massimo che diventa poi un prezzo imposto si ha quando l'indicazione del prezzo massimo praticabile è combinata con l'imposizione al rivenditore dell'obbligo di rispettare la clausola del "cliente più favorito" (che si ha quando un rivenditore è obbligato a praticare nei confronti di tutti i clienti il prezzo più basso che ha concesso al suo miglior cliente); l'imposizione del rispetto della clausola del "cliente più favorito", infatti, agisce come un potente disincentivo per il rivenditore a vendere al di sotto del prezzo massimo consigliato. L'imposizione stessa della clausola del "cliente più favorito" ad un rivenditore suscita problemi di compatibilità con l'art. 101 del TFUE. Cfr. BELLIS J. F. e VAN BAEL I., *Il diritto comunitario della concorrenza: con analisi della disciplina del procedimento antitrust in Italia*, 2009, Torino: Giappichielli, p. 453.

comandati o prezzi massimi, sono costituiti dal fatto che essi possono fungere da riferimento per i rivenditori (ed essere, pertanto, praticati da tutti o dalla maggior parte di essi) e facilitare il coordinamento dei prezzi fra i fornitori. A tal fine, un fattore importante per la valutazione dei possibili effetti contrari alla concorrenza è rappresentato dalla posizione di mercato del fornitore. Quanto più è forte la posizione di mercato del fornitore, tanto è maggiore il rischio che un prezzo massimo o un prezzo raccomandato portino ad un'applicazione più o meno uniforme di tale livello di prezzo da parte dei rivenditori, perché essi possono servirsene come punto di convergenza[201].

Con riferimento ai contratti di agenzia impropri, soggetti all'applicazione dell'art. 101.1 del TFUE, è considerato normale che il committente decida il prezzo dei prodotti che sono di sua proprietà. Tuttavia, all'agente non può essere impedito di condividere con il cliente tutta o una parte della sua commissione allo scopo di ridurre il prezzo effettivo pagato per il prodotto. Qualunque restrizione imposta ad un agente in senso improprio, il quale voglia ripartire tutta o parte della sua commissione, è assimilata alla fattispecie di prezzo imposto. Al contrario, in un rapporto di agenzia vero e proprio, non soggetto all'applicazione dell'art. 101.1 del TFUE, il committente ha il diritto di stabilire il prezzo al quale l'agente deve vendere i prodotti o i servizi oggetto del contratto.

13. Le restrizioni territoriali e della clientela

L'approccio standard adottato dall'art. 4, lett. b), del Reg. n. 330/2010 si basa sulla previsione di una precisa elencazione delle pratiche considerate *hardcore* e, come tali, escluse dal beneficio dell'esenzione per categoria. Pertanto, una restrizione che non sia menzionata in tale *black list* non è considerata come fondamentale. Questa impostazione offre, dunque, alle parti una notevole libertà contrattuale in quanto, per poter beneficiare dell'esenzione, è sufficiente che esse si astengano dall'introdurre una delle restrizioni fondamentali individuate dal regolamento in esame. Le restrizioni territoriali e quelle relative alla clientela, tuttavia, seguono un sistema

---

[201] Cfr. *Orientamenti sulle restrizioni verticali*, n. 228, dove si sottolinea che in tal caso, per i rivenditori, può risultare difficile imporre un prezzo che si discosti da quello che essi percepiscono come il prezzo di rivendita preferito da un fornitore molto importante nel mercato. Negli *Orientamenti*, rispetto alle precedenti *Linee Guida*, viene meno il riferimento ad un altro fattore di valutazione, rappresentato dalla posizione di mercato dei concorrenti e dal corrispondente rischio che la clausola di prezzo massimo o raccomandato abbia anche una funzione di segnale lanciato ai concorrenti, in un mercato oligopolistico, per raffreddare eventuali iniziative altrui di concorrenza sui prezzi.

differente, secondo il quale sono da considerare vietate tutte le clausole che non sono espressamente consentite. Conseguentemente, l'approccio più flessibile ed economico alla base del resto del regolamento non si applica alle restrizioni territoriali e a quelle relative alla clientela.

In particolare, come nel testo del precedente regolamento, anche il nuovo regolamento di esenzione per categoria qualifica come restrizione fondamentale l'intesa che abbia come oggetto diretto o indiretto la restrizione delle vendite di un distributore in relazione al territorio o ai clienti ai quali lo stesso può vendere i beni o i servizi oggetto del contratto[202].

In base alle disposizioni del regolamento, sono restrizioni fondamentali sia i divieti espliciti di non vendere i prodotti in determinate aree geografiche o a individuati clienti, sia tutte le pattuizioni che indirettamente persuadono il distributore a non effettuare vendite ai clienti (quali dinieghi o riduzioni di premi o sconti, cessazione della fornitura, minaccia di risoluzione dei contratti, limitazione dei volumi delle forniture in relazione alla domanda esistente all'interno di un territorio o riferibile al gruppo di clienti assegnato in esclusiva, applicazione di un prezzo più alto per i prodotti da esportare, limitazione della quota di vendite che può essere esportata, ecc…). La Commissione analizza, in proposito, anche i comportamenti del fornitore riguardo al rimborso dei servizi previsti dalla garanzia. Se il fornitore offre una garanzia valida su tutto il territorio dell'Unione, i distributori sono di norma tenuti ad offrire essi stessi il servizio anche in relazione a prodotti venduti da altri distributori nel loro territorio e a farsi rimborsare per tale servizio dal fornitore. Quando il fornire si rifiuta di fornire questo tipo di garanzia, il risultato può essere una segmentazione territoriale. La giurisprudenza comunitaria ha, peraltro, osservato che anche sistemi alternativi di rimborso dei servizi effettuati dai distributori possono essere idonei ad evitare la restrizione territoriale[203].

Tra le misure che non configurano, di per sé, una restrizione, ma che possono rendere più efficace un sistema di restrizione delle vendite

---

[202] Cfr. art. 4, lett. b), Reg. n. 330/2010. Vale la pena sottolineare che tale divieto riguarda solo le restrizioni territoriali e quelle relative alla clientela imposte agli acquirenti senza contenere alcun riferimento al caso in cui essere siano accettate dal fornitore. Gli *Orientamenti* sono stati modificati in modo da chiarire il principio generale secondo cui l'art. 4, lett. b), ha per oggetto le restrizioni delle vendite di un acquirente o dei suoi clienti, chiarendo così che le restrizioni delle vendite dei fornitori non sono ricomprese nelle restrizioni hardcore. Cfr. *Orientamenti sulle restrizioni verticali*, n. 50.

[203] Tribunale primo grado, sent. del. 13 gennaio 2004, *JCB Service*, causa T-67/01, parr. 136/145. In tale caso il Tribunale ha ritenuto sufficiente ad evitare la violazione il fatto che il fornitore fosse impegnato a pagare al distributore che effettuasse il servizi per un bene venduto nel suo territorio da un altro distributore una commissione tale da coprire il costo del servizio e assicurare un ragionevole margine di profitto.

dell'acquirente, la Commissione indica i sistemi di controllo dell'effettiva destinazione dei prodotti, realizzati ad esempio attraverso l'utilizzo di etichette differenziate e numeri di serie[204].

Tradizionalmente le due principali preoccupazioni riguardo questo tipo di restrizioni, evidenziano la possibilità non solo che si realizzi una ripartizione collusiva dei mercati di natura orizzontale, bensì anche che si possano contrattualmente ricostruire barriere tra gli Stati membri, pregiudicando l'integrazione dei mercati.

Un'importante novità introdotta dal regolamento in questione attiene al trattamento della c.d. clausola di localizzazione, che limita la libertà di stabilimento dell'acquirente, richiedendo il consenso del fornitore, ogniqualvolta questi desideri cambiare l'attuale localizzazione dei suoi punti vendita o aprirne di nuovi. Detta clausola può riguardare anche l'apertura di magazzini e di *showroom* (sale di esposizione) e può legare l'acquirente ad un particolare indirizzo, oppure ad un determinato posto o territorio[205].

Chiaramente una clausola di localizzazione costituisce una restrizione territoriale, in quanto all'acquirente viene impedito di aprire dei punti di vendita fisici nelle localizzazioni che egli desidera. A seconda delle caratteristiche del settore considerato, una simile clausola può avere un effetto assimilabile a una restrizione territoriale delle vendite attive. In taluni settori, invece, una clausola di localizzazione può essere sostanzialmente equiparata a una restrizione relativa alla clientela. Questo è il caso in cui l'ubicazione dei locali dell'acquirente costituisce un fattore importante per attirare una particolare categoria di clienti.

Mentre nel precedente Reg. n. 2790/1999 le restrizioni relative al luogo di stabilimento dell'acquirente erano espressamente consentite soltanto se inserite in un sistema di distribuzione selettiva, il nuovo Reg. n. 330/2010 ha innovato radicalmente sul punto, eliminando del tutto le suddette clausole dalla *black list*[206].

Questa novità è stata progettata per facilitare l'uso parallelo di diversi sistemi di distribuzione nel mercato interno. Essa fornisce, infatti, la possibilità di proteggere gli investimenti di un distributore selettivo dall'attività

---

[204] Cfr. *Orientamenti sulle restrizioni verticali*, n. 50.

[205] Cfr. *Orientamenti sulle restrizioni verticali*, n. 50.

[206] Con riferimento alla clausola i localizzazione gli *Orientamenti*, al n. 57, chiariscono le seguenti due questioni: 1) l'utilizzo del proprio sito *internet* da parte di un distributore non può essere assimilato all'apertura di un nuovo punto vendita in una sede diversa; pertanto, il trattamento riservato alla clausola di localizzazione non può essere invocato per argomentare a favore del divieto di aprire un proprio sito *internet*; 2) Se il rivenditore possiede un punto di vendita mobile, può essere definita un'area al di fuori della quale non potrà operare.

di un altro distributore esclusivo, presente in un differente territorio[207].

Così come nell'imposizione del prezzo di rivendita, anche con riferimento alle restrizioni territoriali e relative alla clientela gli *Orientamenti* delineano delle specifiche ipotesi di *efficiency defense*. Tuttavia anche in questo caso, essi si soffermano a individuare casi particolari caratterizzati da un contributo positivo volto all'intensificazione della concorrenza mediante l'introduzione di prodotti innovativi o l'ingresso in nuovi mercati[208], senza fornire indicazioni circa l'apprezzamento della consistenza delle restrizioni sulla base di parametri strutturali.

13.1. Le eccezioni alle restrizioni territoriali e della clientela

Data l'esistenza di chiari motivi di natura commerciali, che possono giustificare restrizioni territoriali e della clientela nell'ambito di un rapporto verticale, il Regolamento individua quattro tipologie di restrizioni delle vendite che il fornitore può imporre in deroga a quanto previsto dall'art. 4, lett. b), del Reg. n. 330/2010, senza perdere il beneficio dell'esenzione per categoria.

L'elemento decisivo per il riconoscimento del beneficio dell'esenzione per categoria attiene alla distinzione fra vendite attive e vendite passive. Per vendite attive si intende la sollecitazione diretta della clientela (sia singolarmente considerata, sia sulla base di una suddivisione per gruppi) all'interno del territorio o del gruppo di clienti assegnati in via esclusiva ad altro distributore[209]. Per vendite passive deve, invece, intendersi la risposta (comprensiva di consegna di beni o prestazioni di servizi) a richieste spontanee provenienti da clienti individuali[210].

---

[207] BRENNING-LOUKO M. et al., *Vertical Agreements: New Competition Rules for the Next Decade*, in "Antitrust", 2010, n. 2, p. 17. Per una trattazione del tema si rimanda al par. 14.

[208] Cfr. *Orientamenti sulle restrizioni verticali*, nn. 60-64. Per una trattazione di questi casi si rimanda al par. 16.

[209] Sollecitazione attuabile tramite l'invio diretto di posta, visite, pubblicità su messi di comunicazione o altre promozioni specificamente mirate. Rientra, ovviamente, nelle vendite attive anche l'apertura di un magazzino o di un punto vendita nel territorio affidato in esclusiva ad altro distributori. Cfr. *Orientamenti sulle restrizioni verticali*, n. 51

[210] Sono incluse, inoltre, in questa categoria anche le attività pubblicitarie e promozionali generali effettuate sui messi di comunicazione o su *internet* che, pur non raggiungendo clienti in altri territori esclusivi o altri gruppi di clientela, costituiscano un mezzo ragionevole per raggiungere consumatori al di fuori di questi territori o di quei gruppi di clientela, ad esempio, al fine di entrare in contatto con clienti in territori non esclusivi o nel proprio territorio.
Cfr. WIJCKMANS F. e TUYTSCHAEVER F., *Vertical agreements in EU competition law*, 2011, Oxford University Press, p. 156. Secondo gli AA. mentre la distinzione fra vendite attive e passive non crea particolari problemi sotto il profilo teorico, lo stesso non può dirsi sotto quello pratico. Mentre è generalmente semplice provare se ci siano state delle vendite in un determinato territorio o

La prima eccezione riguarda la possibilità di imporre restrizioni alle vendite attive in sistemi di distribuzione esclusiva[211]. La Commissione definisce "esclusiva" l'attribuzione di un territorio o di un gruppo di clienti a un distributore "quando il fornitore acconsente a vendere i propri prodotti ad un unico distributore perché li distribuisca in un particolare territorio o a un particolare gruppo di clienti ed il distributore esclusivo è protetto, all'interno del suo territorio o verso il suo gruppo di clienti, dalle vendite attive da parte di tutti gli altri acquirenti del fornitore nell'Unione europea, indipendentemente dalle vendite effettuate dal fornitore".

Affinché un territorio possa essere considerato come attribuito in via esclusiva occorre, inoltre, che il fornitore proibisca a tutti gli altri suoi clienti all'interno del territorio dell'Unione europea di effettuare vendite attive all'interno di detto territorio. Questa condizione prende il nome di "imposizione parallela".

L'applicazione concreta di questa regola presume che ciascun distributore sia a conoscenza dell'intera mappa dei territori comunitari attribuiti o riservati in via esclusiva dal fornitore. Dal momento che un contratto di distribuzione potrebbe includere restrizioni alle vendite nei territori già concessi in via esclusiva anche dopo la conclusione del contratto stesso, se ne deduce che tutti i distributori dovrebbero essere a conoscenza delle successive modifiche inerenti all'ampiezza dei territori esclusivi apportate dal fornitore. La divulgazione di queste informazioni potrebbe risultare abbastanza semplice nel caso in cui siano stati nominati pochi distributori nazionali per coprire l'interno territorio comunitario, mentre sarebbe estremamente complessa nel caso in cui, i territori nei quali sia effettuata la vendita al dettaglio, siano molto piccoli con la conseguente esistenza di svariate centinaia, se non migliaia, di rivenditori all'interno dell'Unione[212]. Le incertezze che questo può generare nella pratica potrebbero avere l'effetto di scoraggiare i piccoli distributori a vendere attivamente al di fuori del proprio territorio, a meno che l'intero sistema di distribuzione del fornitore sia notoriamente esclusivo.

Pertanto, non è considerato *hardcore* impedire all'acquirente di effettua-

---

nei confronti di uno specifico gruppo di clienti, è spesso difficile provare che le vendite in questione siano dovute, o meno, ad uno sforzo attivo del rivenditore.

[211] Cfr. *Orientamenti sulle restrizioni verticali*, n. 51.

[212] Cfr. BORTOLOTTI F., *Manuale di diritto della distribuzione – Il contratto di agenzia commerciale, op. cit.*, p. 278. Secondo l'A., qualora il concedente, su richiesta del concessionario (non essendo previsto alcunché al riguardo dal regolamento), fornisca informazioni inesatte in ordine alle zone di esclusiva, impedendogli, di fatto, di effettuare vendite in territori non coperti da esclusiva, avrebbe luogo una violazione dell'art. 4 del Reg. n. 330/2010, con conseguente perdita del beneficio dell'esenzione per l'intero accordo".

re vendite attive in territori o a gruppi di clienti[213] che il fornitore riserva a se stesso o attribuisce in esclusiva a un altro acquirente, purché la restrizione non limiti anche le vendite da parte dei clienti dell'acquirente[214]. L'esclusiva può riguardare al tempo stesso il profilo territoriale e quello della clientela, quando il fornitore nomina un distributore esclusivo per un particolare gruppo di clienti in un dato territorio. Esula, invece, dalla portata dell'eccezione la clausola, frequentemente utilizzata nella pratica, che imponga al concessionario un generico divieto di vendite attive fuori dal proprio territorio[215].

La motivazione sottostante a siffatta eccezione è legata al fatto che, in assenza di un divieto di vendite attive, il rivenditore disposto a fornire dei servizi aggiuntivi potrebbe soffrire la concorrenza sleale di rivenditori collocati in altri territori che, risparmiando appunto sui servizi in questione, potrebbero offrire lo stesso prodotto ad un prezzo inferiore. Questo comportamento da *free rider* potrebbe causare la progressiva sospensione dei servizi richiesti dal produttore da parte di tutti i rivenditori, con il risultato di far contrarre le vendite del bene. In assenza di un meccanismo che prevenga l'insorgere di comportamenti opportunistici a livello della distribuzione, pochi rivenditori sarebbero disposti ad adottare la politica di vendita desiderata dall'impresa produttrice e il prodotto (privo del servizio aggiuntivo) non attirerebbe un numero adeguato di consumatori poiché la concorrenza tra le varie marche sarebbe intaccata, con effetti negativi sul benessere sociale[216].

---

[213] Ai fini dell'applicazione del Reg. n. 330/2010 non è espressamente richiesto che una "categoria di clienti" sia determinata in base a criteri di natura oggettiva.

[214] Qualora un fornitore nomini un concessionario attribuendogli la possibilità di individuare dei sub-concessionari, questi ultimi sarebbero qualificati come clienti. Sulla base di un'applicazione stringente di tale condizione il fornitore non avrebbe il diritto di richiedere che il concessionario imponga ai suoi sub-concessionari le stesse restrizioni delle vendite attive che egli assume. Cfr. WIJCKMANS F. e TUYTSCHAEVER F., *op. cit.*, p. 163, secondo cui in ogni caso ragionevole, questa non può essere stata l'intenzione dei redattori del regolamento. Una giustificazione a tale condizione potrebbe essere individuata nel fatto che il fornitore, quando permette ai suoi concessionari di nominare dei sub-concessionari, ha implicitamente accettato che la restrizione delle vendite attive imposta al concessionario possa essere inficiate attraverso il sistema dei concessionari. Questa interpretazione, tuttavia, appare incompatibile con il requisito dell'"imposizione parallela". Gli AA. argomentano che l'insistenza posta dalla Commissione, negli *Orientamenti*, sul requisito dell'"imposizione parallela "appare inconciliabile con lo scenario in cui il fornitore è forzato ad accettare che ai suoi sub-concessionari non possono essere richieste le stesse restrizioni alle vendite attive imposte al concessionario.

[215] Esula, invece, dalla portata della eccezione la clausola, frequentemente utilizzata nella pratica, che impone al concessionario un generico divieto di vendite attive fuori dal suo territorio. Cfr. IMBRENDA M., *op. cit.*, p. 703.

[216] Cfr. BENTIVOGLI C. e TRENTO S., *op. cit.*, pp. 270-271.

Innovando rispetto al precedente testo, gli *Orientamenti* precisano che un territorio o un gruppo di clienti si considera allocato in esclusiva anche se il fornitore può vendere i suoi prodotti in tale ambito, ma l'esenzione continua a non estendersi ai casi in cui l'area geografica o la clientela sia riservata a due o più distributori sul presupposto che, in tali ipotesi, le restrizioni delle vendite attive non siano *prima facie* giustificate dall'esigenza di proteggere un rivenditore esclusivo da fenomeni di *free riding*[217].

La *ratio* dell'approccio della Commissione, in tema di restrizione delle vendite attive, appare perlomeno dubbia: anche quando un ambito territoriale o relativo alla clientela sia allocato a due o più distributori, il produttore potrebbe avere interesse a limitare le vendite attive per proteggere gli stessi da fenomeni di *free riding* o indurre i rivenditori attivi nei diversi ambiti a concentrare i loro sforzi di vendita nell'area loro riservata[218]. Inoltre, la disciplina europea costringe le imprese a optare per la soluzione più restrittiva (un unico distributore per area) anche quando, in teoria, potrebbe essere sufficiente una protezione meno intensa (due o più rivenditori per area). Sarebbe stato senz'altro preferibile modificare l'impostazione del precedente regolamento, escludendo *tout court* le restrizioni delle vendite attive dalla lista nera[219].

La seconda eccezione riguarda la restrizione delle vendite, attive e passive, agli utenti finali da parte di un acquirente che opera a livello di commercio all'ingrosso. Ciò consentirebbe al fornitore di mantenere una netta distinzione tra i due livelli distributivi. Questo principio costituisce, probabilmente, un riconoscimento della necessità di proteggere gli investimenti compiuti dai dettaglianti per allestire i punti vendita e promuovere i prodotti nei confronti degli utilizzatori finali; sforzi che sarebbero vanificati se l'utente, dopo aver beneficiato dei servizi pre-vendita e della struttura del dettagliante, potesse effettuare i suoi acquisti direttamente dal grossista[220].

---

[217] Cfr. BELLIS J. F. e VAN BAEL I., *Il diritto comunitario della concorrenza: con analisi della disciplina del procedimento antitrust in Italia, op. cit.*, p. 455.

[218] Il nuovo orientamento della Commissione è quello di non considerare più la limitazione delle vendite attive da parte del distributore come strettamente necessaria a sviluppare le vendite, essendo prevalso il convincimento che tale obiettivo possa essere raggiunto anche con mezzi diversi, quali la fissazione di obiettivi minimi di vendita nel territorio assegnato. Cfr. *ibidem*.

[219] Cfr. FAELLA G., *Adelante con juicio – Limiti e occasioni perse della nuova esenzione per categoria delle intese verticali, op. cit.*, p. 45.

[220] Corte di Giustizia, sent. del 25 ottobre 1977, *Metro* c. *Commissione delle comunità europee*, causa C-26/76, in *Raccolta*, 1977, p. 1875. In tale sentenza la Corte ha affermato, in relazione alle restrizioni riguardanti le vendite gli utenti finali imposte ad un grossista, che "la Commissione ha ritenuto che questa limitazione della sfera d'attività dei grossisti non rappresenta una restrizione della concorrenza ai sensi dell'art. 85, n.1, del trattato, in quanto corrisponde alla separazione delle funzioni di grossista e di dettagliante e che, se tale separazione non fosse rispettata, i primi avrebbero un

La terza eccezione concerne i sistemi di distribuzione selettiva, in cui il fornitore si impegna a vendere i beni o i servizi oggetto del contratto, direttamente o indirettamente, solo a distributori selezionati sulla base di criteri specifici. Non costituisce una restrizione fondamentale la preclusione ai distributori, che fanno parte di un sistema di distribuzione selettiva, di vendere a distributori non autorizzati "nel territorio che il fornitore ha riservato a tale sistema"[221]. Quest'ultima puntualizzazione costituisce una novità del nuovo regolamento: essa indica che la vendita, attiva e passiva, a distributori non autorizzati può essere preclusa non solo nei territori in cui il sistema di distribuzione selettiva sia già stato posto in essere, ma anche in quelli che il fornitore ha riservato a tale sistema ma in cui ancora non vende i prodotti oggetto del contratto.

Una questione piuttosto complessa riguarda i territori nei quali il fornitore non ha nominato alcun distributore. Con riferimento a questi ultimi possono venirsi a determinare due circostanze: egli può assumere direttamente la distribuzione in tali territori oppure essere ancora alla ricerca di rivenditori qualificati per avviare un sistema di distribuzione selettiva.

Dato che gli *Orientamenti* definiscono il territorio riservato come "un territorio nel quale il sistema di distribuzione selettiva è attualmente operativo o dove il fornitore non vende ancora i prodotti oggetto del contratto", è chiaro che quando quest'ultima circostanza si verifica, perché il fornitore sta ancora cercando dei distributori qualificati, si applica l'eccezione di cui all'art. 4, lett. b).

Con riferimento all'altra ipotesi bisogna considerare che la definizione di sistema di distribuzione selettiva, di cui all'art. 1, lett. e), del Reg. n 330/2010, non include un esplicito riferimento al fatto che il suddetto sistema si estenda anche ai territori che il fornitore ha riservato alla sua distribuzione diretta. Tuttavia, è ragionevole ritenere che un sistema di distribuzione diretta venga considerato come parte di un sistema di distribuzione selettiva e, pertanto, sia ricompreso nella definizione di "territorio che il fornitore ha riservato a tale sistema". Una diversa conclusione implicherebbe che il fornitore sia fortemente penalizzato dalla decisione di distribuire direttamente i prodotti contrattuali in determinate aree, dato che egli dovrebbe consentire le vendite ai distributori non autorizzati presenti

---

vantaggio concorrenziale abusivo rispetto ai secondi, vantaggio concorrenziale che, non essendo conforme alle prestazioni fornite, non sarebbe tutelato dall'art. 85".

[221] Cfr. BALDI R. e VENEZIA R., *Il contratto di agenzia. La concessione di vendita. Il franchising, 2011*, Milano: Giuffrè, p. 64. Secondo gli AA. la terza eccezione è, peraltro, connaturale alla definizione stessa di distribuzione selettiva.

in tali territori per poter beneficiare dell'esenzione per categoria[222].

Inoltre, poiché è previsto espressamente che soltanto ai membri di un sistema di distribuzione selettiva possa essere fatto divieto di vendere a distributori non autorizzati, un divieto a rivendere a distributori non autorizzati, situati in aree dove sia utilizzato un sistema di distribuzione selettiva, imposto a carico di distributori situati in zone in cui sia in piedi un sistema di distribuzione esclusiva, rischia di essere considerato una restrizione grave[223].

La quarta eccezione riguarda la possibilità per il fornitore di restringere la facoltà dell'acquirente di vendere componenti ad esso forniti ai fini di incorporazione (ossia come *input* per la produzione di un bene) a clienti che utilizzerebbero tali componenti per fabbricare prodotti in concorrenza con quelli del fornitore[224].

13.2. Alcune considerazioni sulle restrizioni territoriali e relative alla clientela

La tradizionale ostilità della Commissione e delle Corti comunitarie nei confronti delle restrizioni territoriali è da attribuire, in misura principale, all'intento di rafforzare il mercato unico mediante un sempre più incisivo processo di integrazione dei mercati nazionali. Secondo questo orientamento, l'efficacia di alcune disposizioni basilari nella costruzione comunitaria come l'art. 25 (che proibisce agli Stati membri di imporre dazi doganali o misure che abbiano un effetto equivalente ai dazi doganali sulle importazioni e sulle esportazioni) e gli artt. 28 e 29 del TCE[225] (che proibiscono agli Stati membri di applicare misure che ostacolino la libera circolazione delle merci all'interno della Comunità), sarebbe stata vanificata se le imprese avessero potuto erigere nuove barriere al commercio intracomunitario mediante l'imposizione di restrizioni verticali volte ad impedire le importazioni parallele. Esse, infatti, costituiscono un importante fattore in grado di armonizzare il dislivello dei prezzi esistenti nei diversi mercati na-

---

[222] Cfr. WIJCKMANS F. e TUYTSCHAEVER F., *op. cit.*, pp. 169-170.

[223] Cfr. BELLIS J. F. e VAN BAEL I., *Il diritto comunitario della concorrenza: con analisi della disciplina del procedimento antitrust in Italia, op. cit.*, p. 462.

[224] Ad esempio, un produttore di televisori che avesse un *surplus* di componenti multi-uso e li vendesse ad un produttore di apparecchi radiofonici ai fini dell'incorporazione in questi prodotti, potrebbe vietargli di rivendere i componenti ad altri fabbricanti di televisori. Tuttavia, un divieto imposto a carico dell'acquirente dei componenti di rivenderli a commercianti o a produttori di beni non in concorrenza con quelli fabbricati dal fornitore sarebbe, invece, considerato una restrizione grave.

[225] Ora, rispettivamente, artt. 30, 34 e 35 del TFUE.

zionali.

Gli importatori paralleli comprano i prodotti nei mercati in cui il prezzo è più basso per rivenderli laddove il prezzo è più alto, spesso praticando prezzi inferiori di quelli offerti dai distributori autorizzati. La concorrenza esercitata da tali soggetti assicura che il livello prevalente dei prezzi nei diversi mercati nazionali non differisca oltre un certo margine, che sarà equivalente ai loro costi, maggiorati del profitto.

Nell'analizzare le restrizioni territoriali, la Commissione e le Corti comunitarie hanno, pertanto, mostrato una spiccata tendenza a rigettare tesi che si imperniavano su pretese differenze nelle caratteristiche e nelle condizioni concorrenziali dei diversi mercati nazionali all'interno della Comunità, anche quando si trattava di differenze importanti. Anziché prendere in considerazione tali differenze, la Commissione ha valutato le restrizioni territoriali come se all'interno del mercato unico le condizioni della concorrenza fossero uniformi e le barriere erette dalle imprese fossero le uniche esistenti.

Il progressivo spostamento dell'enfasi dalle finalità integrazioniste alla tutela della concorrenza, che ha contraddistinto con alcune battute d'arresto l'evoluzione della politica comunitaria della concorrenza dalla fine degli anni '90, sembrava essere culminata, nel 2006, nella sentenza resa dal Tribunale CE, con riferimento al caso *Glaxo*[226]. In questo frangente, la Corte Europea ha affermato che, sebbene accordi diretti a ostacolare il commercio intracomunitario debbano essere considerati, in linea di principio, come aventi una finalità anticompetitiva, il semplice fatto che un'intesa miri a limitare il commercio parallelo non è di per sé sufficiente

---

[226] *Glaxo, cit.*, nt. n. 187. Nel caso *Glaxo* la controllata spagnola *Glaxo Wellcome* aveva notificato alla Commissione le nuove condizioni generali di un contratto per la vendita dei suoi prodotti ai grossisti spagnoli. In base alla legge spagnola, i produttori di farmaci sono tenuti a vendere i propri prodotti ai grossisti a un prezzo che non può essere superiore a quello prestabilito dal governo. Tale prezzo imposto è di norma inferiore ai prezzi ai quali i prodotti farmaceutici sono venduti negli Stati membri. Ciò chiaramente favorisce il commercio parallelo di prodotti acquistati nel mercato spagnolo e rivenduti negli altri mercati comunitari, soprattutto nel Regno Unito, dove i prezzi sono di norma più elevati. Per interrompere il flusso di esportazioni parallele provenienti dalla Spagna, *Glaxo* aveva introdotto un sistema di prezzo doppio nei confronti dei grossisti, che varia a seconda che i propri farmaci fossero destinati alla commercializzazione sul mercato spagnolo ovvero all'esportazione: mentre nel primo caso il prezzo non avrebbe superato il livello stabilito dalle competenti Autorità spagnole, nel secondo caso i grossisti avrebbero dovuto pagare il prezzo (più alto) fissato liberamente da *Glaxo*. La Commissione ha condannato il sistema del prezzo duplice di *Glaxo*; essa ha ricordato che le politiche di prezzo che eliminano l'incentivo economico dei grossisti ad effettuare le importazioni parallele debbono essere trattate alla stregua dei classici divieti di esportazione, in quanto ne realizzano il medesimo effetto. Per un approfondimento del caso, si v. COLANGELO G., *Farmaci, commercio parallelo e obiettivo dell'antitrust: il caso Glaxo*, in "Il foro italiano", 2007, n. 1, p. 39 ss.

per l'accertamento di un oggetto restrittivo, giacché il fine dell'art. 101 del TFUE non è proteggere le vendite transfrontaliere in quanto tali, bensì evitare una restrizione della concorrenza a detrimento degli interessi dell'Unione. L'elemento determinante della pronuncia del Tribunale nel caso *Glaxo* consiste nell'aver respinto la conclusione della Commissione che qualificava, in linea con la giurisprudenza e la prassi comunitaria, la violazione in questione come una violazione per oggetto del diritto della concorrenza.

Le conclusioni raggiunte dal Tribunale CE erano legate alle peculiari caratteristiche del settore farmaceutico. Il tribunale ha ritenuto che, tenuto conto del contesto economico e giuridico dell'accordo, e in particolare dell'intervento statale nella fissazione dei prezzi, non si potesse presumere che l'accordo in questione privasse automaticamente i consumatori dei vantaggi derivanti dal commercio parallelo.

Al di là delle contingenze del caso di specie, la pronuncia del Tribunale sembrava latrice di un principio di portata più ampia, a tenore del quale la limitazione assume rilievo ai fini dell'applicazione delle norme *antitrust* soltanto qualora sia atta a restringere la concorrenza in misura apprezzabile, traducendosi, in un pregiudizio per i consumatori. Pregiudizio che, in molti casi, sarebbe tutt'altro che scontato: al di là del fatto che la limitazione del commercio parallelo è spesso strumentale all'attuazione di politiche di *price discrimination*, che procurano tipicamente effetti ambigui sul benessere dei consumatori, è improbabile che restrizioni territoriali e relative alla clientela abbiano un significativo impatto negativo su prezzi e quantità scambiate, ove le imprese fornitrici detengano quote di mercato modeste.

Questa sentenza del tribunale è stata recentemente annullata dalla Corte di Giustizia, che ha ribadito l'orientamento tradizionale secondo cui un'intesa volta a limitare il commercio parallelo, frustrando il perseguimento dell'obiettivo dell'integrazione dei mercati, ha un oggetto di per sé restrittivo della concorrenza, indipendentemente dal pregiudizio arrecato ai consumatori. Nell'*iter* motivazionale della sentenza della Corte, la restaurazione dell'ortodossia comunitaria si fonda sull'assunto che l'art. 101 del TFUE non miri a "tutelare soltanto gli interessi di concorrenti o consumatori, bensì la struttura del mercato e, in tal modo, la concorrenza in quanto tale". In questa impostazione si scorge un significativo passo indietro rispetto a un principio che sembrava ormai metabolizzato nella prassi europea, a tenore del quale le norme *antitrust* non perseguono l'obiettivo di salvaguardare, di per se, una non meglio definita struttura concorrenziale del mercato, bensì la tutela della concorrenza – e la stessa integrazione dei mercati nazionali – come strumento per incrementare il benessere dei consumatori e per assicurare un'allocazione efficiente delle risorse.

In linea con l'orientamento più conservativo della giurisprudenza, il Reg. n. 330/2010 e gli *Orientamenti* ribadiscono che la limitazione delle vendite passive – e di quelle attive, al di fuori dei casi espressamente previsti – integra una restrizione grave indipendentemente dal potere di mercato delle imprese interessate, confermando l'impressione che, dopo alcune coraggiose aperture, "il processo di definitiva maturazione del sistema antimonopolistico europeo abbia subìto, se non una battuta d'arresto, un forte rallentamento"[227].

14. Le restrizioni fondamentali per i membri di un sistema di distribuzione selettiva

L'art. 1, lett. e), del Reg. n. 330/2010 definisce il sistema di distribuzione selettiva come quello "nel quale il fornitore si impegna a vendere i beni o servizi oggetto del contratto, direttamente o indirettamente, solo a distributori selezionati sulla base di criteri specificati e nel quale questi distributori si impegnano a non vendere tali beni o servizi a rivenditori non autorizzati nel territorio che il fornitore ha riservato a tale sistema".

Le ragioni pratiche sottese a questo sistema di distribuzione attengono, da un lato, alla necessità di garantire che la vendita al consumatore finale avvenga secondo modalità ritenute necessarie o opportune per una corretta commercializzazione del prodotto; dall'altro all'esigenza del produttore di esercitare un controllo più saldo sulla rete: se i prodotti sono venduti soltanto da soggetti aventi un legame contrattuale con il produttore e sono, dunque, da questo condizionabili, il produttore è in grado di esercitare un potere di indirizzo assai più efficace di quanto non avvenga quando la merce circoli anche su canali del tutto sottratti al suo controllo[228].

Questi accordi hanno di solito l'effetto di ridurre la concorrenza all'interno della stessa marca (*intrabrand competition*) per il fatto che, in linea di principio, una pluralità di rivenditori risulta soggetta al medesimo genere di vincoli negoziali nei confronti di un unico produttore. Ne consegue che il singolo punto vendita ben difficilmente potrà praticare prezzi più competitivi rispetto a quelli stabiliti per lo stesso prodotto da un altro dettagliante appartenente alla rete. Al contrario, gli accordi di distribuzione selettiva possono rafforzare la concorrenza tra distributori di prodotti di case differenti (*interbrand competition*), perché vengono esclusi dalla rete i distribu-

---

[227] FAELLA G., *Adelante con juicio – Limiti e occasioni perse della nuova esenzione per categoria delle intese verticali, op. cit*, p. 47.
[228] Cfr. IMBRENDA M., *op. cit.*, p. 715.

tori che non abbiano le capacità tecniche necessarie "per trattare il prodotto o per assistere la clientela"[229].

In tale contesto, nell'ordinamento comunitario, si suole individuare un particolate tipo di distribuzione selettiva, detta qualitativa, la quale, operando come strumento di valorizzazione di un prodotto che si assume dotato di peculiari qualità tecniche od intrinseche, è stata tradizionalmente considerata, dagli organi comunitari, estranea al divieto di cui all'art. 81.1 del TCE (ora art. 101.1 del TFUE). In questo caso, non si pone nemmeno un'esigenza di contemperamento, giacché gli effetti anticoncorrenziali a essa eventualmente riconducibili sono irrilevanti, o comunque ritenuti assai minori dei benefici conseguibili. Poiché possa operare la presunzione relativa di liceità dell'accordo, è tuttavia richiesto che tre requisiti siano rispettati. Si tratta del criterio di necessità, del criterio di proporzionalità e del criterio di non discriminazione.

Il criterio di necessità è tradizionalmente legato alla natura del prodotto: in sostanza, esso poggia sull'assunto che non tutti i beni siano indiscriminatamente meritevoli di una distribuzione selettiva, ma solo quelli che per le loro caratteristiche intrinseche possono obiettivamente beneficiare di un sistema che, restringendo e controllando il numero dei rivenditori, consenta una valorizzazione del prodotto e una migliore offerta al consumatore.

Il criterio di proporzionalità attiene non al prodotto ma al modo in cui vengono individuati i requisiti su cui basare la selezione dei rivenditori. Al riguardo, è opportuno precisare che il fornitore non è libero di determinare qualsivoglia condizione di accesso al sistema, ma è solo titolare di un potere discrezionale vincolato nel fine. Ciò significa, in sostanza, che il produttore è legittimato a effettuare tutte le scelte che ritiene adeguate a valorizzare la distribuzione del proprio prodotto, mentre non può trascurare il fine connesso ad ogni sistema di distribuzione esclusiva, consistente nella massimizzazione dell'efficienza. Ne consegue che tutte le condizioni di accesso al sistema, che non sono valutabili o riconoscibili in termini di efficienza, non sono ammesse[230].

Infine, il criterio di non discriminazione si riferisce all'obbligo gravante

---

[229] Cfr. DI CATALDO V. e VANZETTI A, *Manuale di diritto industriale*, 2009, Milano: Giuffrè, pp. 529-530.

[230] In concreto, sarà perfettamente conforme al programma di distribuzione selettiva prevedere che i punti vendita debbano rispondere a determinati parametri di prestigio, eleganza, competenza e preparazione personale del personale ecc., mentre sarebbe probabilmente contrario al concetto di proporzionalità pretendere che, ad esempio, ogni punto vendita di orologi debba trovarsi un acclamato esperto di meccanismi e movimenti di precisione.

sul produttore di non escludere immotivatamente e arbitrariamente i rivenditori che abbiano fatto domanda di accesso al sistema dimostrando di possedere tutti i requisiti richiesti[231].

Diverso è il discorso in presenza di restrizioni c.d. quantitative. Esse sono previamente finalizzate a limitare il numero dei rivenditori in un sistema di distribuzione selettiva, cosicché la loro ammissibilità è stata tradizionalmente condizionata all'esenzione, di cui all'art. 81.3 del TCE (ora art. 101.3 del TFUE), ad esse eventualmente accordata dalla Commissione. Tuttavia il requisito quantitativo, per definizione anticoncorrenziale e quindi lesivo del divieto di cui all'art. 81.1 del TCE, in alcuni casi può, invece, svolgere una funzione di tutela del produttore. Si pensi, ad esempio, all'eventualità che una società, notoriamente dedita alle vendite per corrispondenza, dichiari di voler entrare nel sistema, avendo provveduto a dotarsi di un punto vendita in tutto e per tutto conforme alle esigenze qualitative manifestate dal fabbricante. In nome del sopramenzionato criterio di non discriminazione, l'accesso alla rete dovrebbe esserle consentito, in condizioni di parità, con ogni altro distributore ammesso. Per evitare che la vendita del prodotto contrattuale per corrispondenza arrechi un nocumento all'immagine di esclusività del bene o del marchio, il fornitore potrebbe imporre al rivenditore l'obbligo di effettuare un quantitativo minimo di vendite in negozio. In tal modo non si elimina del tutto il rischio che almeno una parte della distribuzione avvenga per corrispondenza, ma di certo se ne[232] attenua l'impatto sull'immagine del bene contrattuale.

Il tenore generico della formula di cui all'art. 1, lett. e) del Reg. n. 330/2010 – la quale non contiene alcuna specificazione né in ordine alla tipologia di beni o servizi né in ordine ai criteri di selezione dei distributori – segna, quanto meno agli accordi di distribuzione cui è applicabile l'esenzione per categoria, una netta soluzione di discontinuità rispetto ai meccanismi di esenzione consolidatisi anteriormente all'emanazione del

---

[231] Occorre rilevare che tanto la Commissione quanto la Corte di Giustizia tendono a trattare la violazione del criterio di non discriminazione con molta severità. Spesso, infatti, viene dato ingresso al sospetto che atteggiamenti discriminatori siano il frutto di una connivenza tra produttore e distributori già ammessi alla rete. Cfr. PECCHIOLI N., *Brevi note sulla distribuzione selettiva alla luce del nuovo regolamento di esenzione per categoria*, in "Rivista italiana di diritto pubblico comunitario", 2001, vol. 6, p. 1123.

[232] Si tratta di prodotti di elevato livello qualitativo (cristalleria, gioielleria, cosmetici di lusso e profumi) e tecnologico (computer, elettronica di consumo) nonché prodotti con particolari esigenze distributive. È tale, ad esempio, l'ipotesi delle ceramiche da tavola, sul presupposto che la longevità dei prodotti in causa giustifica l'interesse legittimo del produttore a conferire la vendita ai dettaglianti disposti a garantire un servizio post-vendita adeguato in modo da poter assicurare la continuità dell'approvvigionamento al cliente.

Reg. n. 2790/1999[233].

Occorre, tuttavia, evidenziare che, se in linea di principio, la lettera del Reg. n. 330/2010, confermando l'impostazione del precedente regolamento, accorda il beneficio dell'esenzione per i sistemi selettivi aventi ad oggetto qualsiasi tipo di prodotto (a condizione che vengano rispettati i limiti indicati agli artt. 4, lett. c-d e 5, lett. c), è pur vero che là dove la natura del prodotto non richieda una distribuzione selettiva, l'utilizzo di questo sistema non comporta generalmente vantaggi in termini di efficienza tali da compensare una notevole riduzione della concorrenza all'interno del marchio. Il verificarsi di effetti anticoncorrenziali sensibili può, pertanto, comportare una revoca dell'esenzione da parte della Commissione o della autorità nazionale della concorrenza, secondo quando specificato negli *Orientamenti*, al n. 176.

D'altra parte alla luce del nuovo regolamento di esenzione, nel quale è il potere di mercato dell'impresa che assurge in sé a fattore potenzialmente restrittivo della concorrenza, la selezione quantitativa ha perso ogni connotazione anticoncorrenziale: prova ne è che la stessa non figura fra le clausole che, ai sensi degli artt. 4 e 5, ostano all'applicazione dell'esenzione per categoria. In questa prospettiva, il produttore che detenga una quota di mercato inferiore al 30% può selezionare quantitativamente i propri rivenditori.

Le lettere c) e d) dell'art. 4, identificano due restrizioni fondamentali, la cui imposizione ai membri di un sistema di distribuzione selettiva determina la perdita del beneficio dell'esenzione per categoria.

Anzitutto il fornitore non può imporre ai membri di un sistema di distribuzione selettiva limiti alle forniture (incrociate) a distributori operanti all'interno del sistema, anche a diversi livelli della catena commerciale. Le vendite attive e passive dei prodotti contrattuali non possono essere precluse, imponendo a un distributore di approvvigionarsi dei prodotti oggetto del contratto solo da una fonte determinata (art. 4, lett. d). La libertà di "forniture incrociate" rappresenta un importante mezzo con cui è possibile ripartire il rischio imprenditoriale tra i contraenti, nonché, come è ovvio, una condizione essenziale per assicurare la libera circolazione dei beni nell'Unione europea. È poi incontroverso che, onde evitare il rischio di facili elusioni del principio, la fornitura o la rivendita deve essere ricompresa nel calcolo del volume minimo annuale di vendite cui il distributore ri-

---

[233] Si noti che, contrariamente agli accordi di distribuzione esclusiva, gli accordi di distribuzione selettiva non erano oggetto di un regolamento di esenzione in blocco *ad hoc* prima dell'entrata in vigore del Reg. n. 2790/1999.

sulti contrattualmente impegnato nei confronti del produttore[234].

Questa previsione comporta che un sistema di distribuzione selettivo non possa essere combinato con un sistema di acquisto esclusivo, poiché il diritto dei distributori autorizzati di vendere agli altri membri del sistema di distribuzione selettiva, garantito dall'art. 4, lett. d), comporta il diritto di acquistare i prodotti oggetto del contratto da fornitori diversi da quello con cui sia stato stipulato il contratto[235].

In secondo luogo, anche limitare le vendite attive e passive agli utenti finali (sia utenti professionali che consumatori finali) da parte dei membri di un sistema di distribuzione selettiva che operano al commercio al dettaglio, è considerato una restrizione fondamentale (art. 4, lett. c).

Pertanto all'interno del territorio in cui il fornitore gestisce una distribuzione selettiva, come già previsto dal precedente Reg. n. 2790/1999, continua a essere considerata restrizioni fondamentale la combinazione tra distribuzione selettiva e distribuzione esclusiva[236] poiché ciò determinerebbe una restrizione delle vendite attive o passive da parte dei rivenditori, a norma dell'art. 4, lett. c), del Reg. n. 330/2010[237]. L'integrazione fra distribuzione selettiva ed esclusiva è, quindi, possibile solo nel caso in cui non sussista alcuna restrizione alla vendita (sia attiva che passiva), anche se collegata a esclusive di zona.

È, tuttavia, consentito progettare il sistema di distribuzione selettiva in maniera tale che, nei fatti, presenti delle forti analogie con un sistema di distribuzione esclusiva. In particolare:

• Gli *Orientamenti*[238] prevedono espressamente che il fornitore possa assumere l'impegno a rifornire un solo rivenditore o un numero limitato di rivenditori in una parte del territorio in cui è applicato il sistema di distribuzione selettivo;

• Il fornitore può imporre al distributore una clausola di localizzazione che può sortire un effetto simile ad una limitazione delle vendite attive.

---

[234] Cfr. PECCHIOLI N., *op. cit.*, p. 1131.

[235] Cfr. BELLIS J. F. e VAN BAEL I., *Il diritto comunitario della concorrenza: con analisi della disciplina del procedimento antitrust in Italia*, *op. cit.*, p. 463, secondo cui rimane poco chiaro se un membro di un sistema di distribuzione selettiva può essere obbligato a acquistare da un fornitore un volume inferiore al suo fabbisogno di quel prodotto.

[236] Essa era, invece, consentita, dal Reg. n. 4087/1988 sull'applicazione della disciplina agli accordi di franchising.

[237] Sarebbe stato preferibile che nel nuovo regolamento di esenzione questo approccio, fortemente negativo, a prescindere dal potere di mercato delle parti, venisse ripensato. Cfr. ASSONIME, Circolare n. 23/2010, *Disciplina antitrust degli accordi verticali: il regolamento UE n. 330/2010 e i nuovi Orientamenti della Commissione europea*, in "Rivista delle Società", 2010, vol. 55, n. 6, p. 1335.

[238] Cfr. *Orientamenti sulle restrizioni verticali*, n. 57.

Problematiche sorgono con riferimento alla fattispecie in cui un fornitore utilizzi una combinazione di diversi sistemi, ossia un sistema di distribuzione selettiva per alcune zone della comunità (si consideri, ad esempio, in Germania) ed uno di distribuzione esclusiva per altre (si consideri, ad esempio, in Polonia).

La questione riguarda, innanzitutto, la possibilità che il distributore polacco possa essere protetto dalle vendite attive del distributore tedesco. L'imposizione di una tale restrizione alle vendite attive del distributore tedesco è fondamentale per soddisfare la condizione dell'imposizione parallela. Come già precedentemente detto, essa è soddisfatta se la restrizione delle vendite attive è imposta a tutti gli acquirenti del fornitore all'interno dell'Unione europea, così anche in Germania.

L'art. 4, lett. c) del precedente regolamento di esenzione sembrava escludere questa possibilità in termini piuttosto chiari. La formulazione dell'art. 4, lett. c) è rimasta invariata con il nuovo Reg. n. 330/2010, il che porterebbe a ritenere che la questione sia rimasta irrisolta. Tuttavia, la Commissione aveva informalmente confermato la tesi che la restrizione delle vendite attive imposta ai distributori selettivi, a tutela di un sistema di distribuzione esclusiva, posto in essere in un'altra area, è compatibile con l'esenzione[239]. Tale tesi informale è adesso confluita nel punto 56 degli *Orientamenti*, secondo cui "ai rivenditori operanti in un sistema di distribuzione selettiva non possono essere imposte restrizioni riguardo agli utenti o agli agenti incaricati di tali acquisti per conto degli utenti, ai quali essi possono vendere, tranne che per proteggere un sistema di distribuzione esclusiva gestito altrove".

Il Reg. n. 330/2010 ha emendato gli artt. 1, lett. e) e 4, lett. b), circoscrivendo il territorio di un sistema di distribuzione selettiva al "territorio che il fornitore ha riservato a tale sistema". Tale limitazione territoriale, tuttavia, non è stata contestualmente introdotta all'art. 4, lett. c). Alla luce di ciò, sembra difficilmente conciliabile quanto previsto dagli *Orientamenti* con il divieto assoluto di cui all'art. 4, lett. c). L'unica strada percorribile per superare questa contraddizione sembra essere quella di sostenere che il punto 56 degli *Orientamenti* debba essere letto considerando che la stessa limitazione territoriale contemplata dagli artt. 1, lett. e) e 4, lett. b), sia prevista anche nell'art. 4, lett. c) [240].

---

[239] A favore di questa tesi faceva, inoltre, propendere l'approccio seguito dalla Commissione nel settore automobilistico. Infatti, il precedente regolamento di esenzione nel settore automobilistico (Reg. n. 1400/2002), prevedeva espressamente un'esenzione per le restrizioni alle vendite attive in quelle aree in cui fosse utilizzato un sistema di distribuzione esclusiva.

[240] Cfr. WIJCKMANS F. e TUYTSCHAEVER F., *op. cit.*, p. 175.

Assodato che, alla luce degli *Orientamenti*, sia possibile restringere le vendite attive di un rivenditore selettivo per proteggere un sistema di distribuzione esclusiva gestito altrove, un'altra questione concerne le limitazioni che è possibile imporre a quest'ultimo. Ad esso può essere, di certo, impedito di aprire un punto vendita in Germania, per evitare fenomeni di *free riding* a scapito del distributore autorizzato. Tuttavia, ogni altra restrizione delle vendite attive dalla Germania alla Polonia, continua ad essere trattata come una *hardcore restriction*.

Questo esempio mostra la difficoltà di implementare un sistema di distribuzione selettiva chiuso in un paese dell'UE mentre si ricorre ad altri sistemi distributivi in altri aree dell'UE, almeno se i costi di trasporto sono piuttosto bassi in relazione alle differenze di prezzo fra i territori[241].

15. La restrizione della facoltà del fornitore di vendere i componenti come pezzi di ricambio

Analogamente a quanto previsto dal precedente regolamento, il nuovo Reg. n. 330/2010 prevede un'unica restrizione imposta al fornitore che non gli consente di beneficiare dell'esenzione ed è contemplata all'art. 4, lett. e).

È, infatti, considerata *hardcore* la restrizione, pattuita fra un fornitore di componenti e un acquirente che incorpora tali componenti nei prodotti finiti (c.d. *original equipment manufacturer*), della facoltà del fornitore di vendere i componenti come pezzi di ricambio ad utenti finali, riparatori o altri prestatori di servizi non incaricati dall'acquirente della riparazione o della manutenzione dei propri prodotti. Negli *Orientamenti*, la Commissione sottolinea che l'accesso diretto di questi soggetti ai pezzi di ricambio presso l'impresa che li produce non può essere impedito o limitato.

La principale preoccupazione che tale restrizione determina è relativa alla circostanza che, sovente, le imprese produttrici di beni durevoli realizzano una percentuale elevata dei loro proventi attraverso la vendita di pezzi di ricambio e la prestazione di servizi di riparazione e di manutenzione, data la maggiore elasticità della domanda del prodotto principale. Salvaguardando la libertà di accesso ai componenti, la disciplina prevista del Reg. n. 330/2010 ostacola, in certa misura, l'attuazione di politiche di *Ramsey pricing*[242], intese a recuperare gli investimenti sostenuti dalle imprese at-

---

[241]Cfr. PEEPERKORM L., *Revised EU competition rules for supply and distribution agreements*, in "Competition law yearbook" (*a cura di* KILPAILUOIKEUDELLINEN VUOSIKIRJA), 2010, p. 216.
[242] I prezzi alla *Ramsey* seguono una regola secondo la quale i costi comuni ai servizi\prodotti di un'impresa multi-prodotto vengono ripartiti in misura inversamente proporzionale all'elasticità

traverso la vendita di pezzi di ricambio o la prestazione di servizi a prezzi sovraconcorrenziali[243].

Sono considerate *hardcore* anche le restrizioni realizzate in via indiretta, ad esempio limitando la facoltà del fornitore di mettere a disposizione di utenti finali, riparatori indipendenti o prestatori di servizi le informazioni tecniche e le apparecchiature speciali necessarie per l'impiego dei pezzi di ricambio.

Non sono, invece, considerate restrizioni fondamentali, e quindi non comportano la perdita del beneficio dell'esenzione per categoria, eventuali restrizioni che limitino la facoltà del produttore dei pezzi di ricambio di venderli ai riparatori o a altri prestatori di servizi incaricati dall'assemblatore della riparazione o della manutenzione dei suoi prodotti, che quindi fanno parte della sua rete di riparazione e manutenzione: "in altre parole, l'assemblatore può esigere che la sua rete di riparazione e manutenzione acquisti da lui i pezzi di ricambio"[244].

La regola di cui all'art 4, lett. e), potrebbe non trovare applicazione nel caso in cui l'acquirente fornisca al produttore informazioni dettagliate relative a componenti che siano coperti da diritti di proprietà intellettuale. In questo caso, probabilmente, l'accordo sarebbe considerato un contratto di subfornitura, non coperta dal regolamento di esenzione degli accordi verticali[245], e governato dai termini della Comunicazione sulla subfornitura[246], nei limiti in cui il divieto riguardi solo la fornitura a terzi di componenti (inclusi i pezzi di ricambio) che incorporano diritti di proprietà intellettuale da parte dell'acquirente.

16. La possibilità di considerare le restrizioni fondamentali compatibili con l'articolo 101 del TFUE

Al fine di evitare che la perdurante rigidità dell'approccio comporti conseguenze indesiderabili, la Commissione indica negli *Orientamenti* alcune specifiche circostanze in cui si può ritenere che una restrizione fondamen-

---

della domanda. Ciò comporta che i costi comuni vengono attribuiti prevalentemente ai prodotti\servizi la cui domanda risulta relativamente inelastica. Cfr. FARCHIONE A., *il prezzo*, 2007, Milano: Ipsoa, p. 84.

[243] Cfr. FAELLA G., *Le intese verticali, op. cit.*, p. 134.

[244] Cfr. *Orientamenti sulle restrizioni verticali*, n. 59.

[245] Il Regolamento di esenzione degli accordi verticali non si applica agli accordi verticali che contengono disposizioni relative alla licenza di proprietà intellettuale da parte dell'acquirente.

[246] Comunicazione della Commissione, in GUCE, 3 gennaio 1979, *Comunicazione della Commissione relativa alla valutazione dei contratti di subfornitura alla luce dell'articolo 85, paragrafo 1, del trattato che istituisce la Comunità economica europea*, C 001.

tale non rientri nel divieto di cui all'art. 101.1 del TFUE. La sussistenza delle condizioni necessarie per avvalersi di queste "vie d'uscita" va verificata caso per caso.

La prima possibilità, che la Commissione comunque qualifica come eccezionale, è che la restrizione fondamentale sia obiettivamente necessaria per l'esistenza dell'accordo e, quindi, non rientri nel divieto dell'art. 101.1 del TFUE[247]. Va però ricordato che nel diritto europeo della concorrenza il requisito dell'oggettiva necessità di un accordo o di una condotta è stato tradizionalmente interpretato in modo molto restrittivo. Gli *Orientamenti* riportano, come esempio, di restrizione verticale necessaria quella imposta per assicurare il rispetto di un divieto di natura pubblicistica sulla vendita di sostanza pericolose a determinati clienti per esigenze di tutela della salute e della sicurezza[248].

Negli *Orientamenti* la Commissione individua due ulteriori scenari in cui l'inserimento di una restrizione fondamentale in un accordo verticale può non rientrare nel campo di applicazione dell'art. 101.1 del TFUE, in quanto oggettivamente giustificato. In entrambi i casi, la questione che la Commissione vuole risolvere è quella di non scoraggiare l'entrata sul mercato tramite un approccio troppo rigido alla configurazione dei contratti verticali che non consenta di assicurare al distributore gli incentivi necessari.

La prima ipotesi è quella del distributore esclusivo chiamato a commercializzare un nuovo marchio sul mercato o un marchio esistente su un nuovo mercato (ad esempio, in un altro Stato membro): se ciò richiede significativi investimenti, in ampia parte irrecuperabili, per indurre il distributore a sostenerli può essere necessario assicurargli per un certo periodo di tempo, nel territorio o nei confronti del gruppo i clienti che gli viene assegnato, una protezione nei confronti delle vendite non solo attive, ma anche passive da parte di altri distributori. Rispetto a questa "eccezione del nuovo entrante" la Commissione afferma che nei primi due anni in cui il distributore commercializza il prodotto nel mercato interessato il divieto di vendite attive e passive generalmente ricade al di fuori dell'art. 101.1 del TFUE[249].

La seconda ipotesi è quella del *test* di un nuovo prodotto in un territo-

---

[247] Si tratta di una giustificazione analoga a quella utilizzata per escludere il carattere abusivo della condotta dell'impresa in posizione dominante quando tale condotta è oggettivamente necessaria. Cfr. Comunicazione della Commissione, in GUUE, 24 febbraio 2009, *Orientamenti sulle priorità della Commissione nell'applicazione dell'art. 82 del Trattato CE al comportamento abusivo delle imprese dominanti volto all'esclusione dei concorrenti*, C 45/02.

[248] Cfr. *Orientamenti sulle restrizioni verticali*, n. 60.

[249] *Ivi*, n. 61

rio limitato o con un gruppo di clienti limitato o dell'introduzione "scaglionata" (*staggered*) di un nuovo prodotto. Se ai distributori incaricati di vendere il prodotto sul mercato di prova o di partecipare alle prime fasi di introduzione scaglionata del prodotto, sono impedite le vendite attive al di fuori di questi ambiti per il periodo necessario per il *test* o per l'introduzione del prodotto, la restrizione delle vendite attive può non rientrare nel campo di applicazione dell'art. 101.1 del TFUE[250].

La Commissione individua anche esempi in cui si può ritenere che in presenza di restrizioni fondamentali siano soddisfatte le condizioni previste dall'art. 101.3 del TFUE.

Per la distribuzione selettiva, la limitazione delle vendite attive dei grossisti in territori in cui operano altri grossisti può soddisfare i requisiti dell'art. 101.3 del TFUE, se ciò risulta necessario per assicurare gli investimenti da parte dei grossisti in attività promozionali per sostenere nel proprio territorio le vendite effettuate da parte dei dettaglianti.

Richiedere al distributore di pagare un prezzo più alto per i prodotti destinati alla vendita *online* rispetto a quelli destinati alla vendita *off-line*, in generale, è ritenuto una restrizioni fondamentale. Un sistema di doppia tariffazione, però, può essere giustificato, e secondo la Commissione la valutazione andrebbe compiuta nell'ambito dell'art. 101.3, se le vendite *online* determinano costi più alti per il produttore rispetto a quelle effettuate *offline*[251]. La Commissione si riserva anche in questa ipotesi di valutare caso per caso la sussistenza delle condizioni di cui all'art. 101.3 del TFUE, riservandosi di considerare anche "in che misura è probabile che la restrizione limiti le vendite via *internet* ed impedisca al distributore di raggiungere clienti più numerosi e diversificati"[252].

17. Le restrizioni escluse dall'esenzione per categoria

In aggiunta alle restrizioni fondamentali, il Reg. n. 330/2010, analogamente a quanto previsto dal precedente regolamento, contempla, all'art. 5, una serie di obblighi cui l'esenzione per categoria non si applica (precedentemente denominati "condizioni d'applicazione"). Mentre la presenza delle restrizioni fondamentali comporta l'esclusione dal beneficio dell'esenzione per l'intero accordo, in caso di inosservanza dell'art. 5 l'esenzione non copre le clausole non conformi alle condizioni di applicazione, ma continua

---

[250] *Ivi*, n. 62.
[251] Perché, ad esempio, provocano strutturalmente maggiori reclami e ricorsi alla garanzia da parte dei clienti nei confronti del produttore.
[252] Cfr. *Orientamenti sulle restrizioni* verticali, n. 64.

ad applicarsi alla restante parte del contratto, nella misura in cui quest'ultima sia separabile dagli obblighi non esentati (c.d. *separability rule*).

La prima restrizione esclusa dal beneficio dell'esenzione, prevista dall'art. 5, lett. a), è costituita dagli obblighi di non concorrenza, diretti o indiretti, di durata indeterminata o superiore a cinque anni. Per obblighi di non concorrenza, nel regolamento, si intende qualsiasi obbligo, diretto o indiretto, "che impone all'acquirente di non produrre, acquistare, vendere o rivendere beni o servizi in concorrenza con i beni o servizi oggetto del contratto" o "che imponga all'acquirente di acquistare dal fornitore o da un'altra impresa, da questo indicata più dell'80 per cento degli acquisti annui complessivi dei beni o servizi contrattuali e dei loro succedanei effettuati dall'acquirente sul mercato rilevante"[253].

L'obbligo di non concorrenza deve, però, essere tenuto ben distinto dall'obbligo di acquisto in via esclusiva dei prodotti oggetto del contratto: un obbligo imposto di acquistare in via esclusiva da un determinato fornitore, finanche la totalità del proprio fabbisogno di prodotti contrattuali, non costituisce un obbligo di non concorrenza, e come tale non è proibito ai sensi del suddetto regolamento di esenzione (a meno che, come già detto, sia combinato ad un sistema di distribuzione selettiva). Soltanto nel caso in cui l'obbligo di acquisto esclusivo riguardi più dell'80% del fabbisogno complessivo dell'acquirente (comprensivo, quindi, non soltanto dei prodotti e servizi contrattuali ma anche di quelli in concorrenza con loro) la clausola costituirebbe un obbligo di non concorrenza che ricadrebbe all'interno della sfera di applicabilità dell'art. 5. La quota degli acquisti va calcolata sulla base del valore o, "se è normale prassi del settore", del volume degli acquisti effettuati nell'anno civile precedente.

Gli obblighi di non concorrenza tacitamente rinnovabili oltre cinque

---

[253] Il suddetto limite alla durata non tiene, però, conto che in molti rapporti di distribuzione sia il fornitore che il rivenditore potrebbero essere tenuti a effettuare consistenti investimenti per la corretta esecuzione dell'accordo e che l'obbligo di non concorrenza è spesso solo la contropartita imprescindibile di tali investimenti. La durata di cinque anni, in molti casi, potrebbe non essere sufficiente a consentire, a colui che ha effettuato l'investimento, il recupero di quanto investito mantenendo nel contempo la competitività, in termini di prezzo, del prodotto sul mercato. In particolare, una maggiore durata dell'obbligo di non concorrenza sarebbe sicuramente giustificata se un investimento, effettuato a carico prevalente di una sola delle parti, risultasse recuperabile in tempi lunghi e difficilmente, anche con la vendita del bene, laddove possibile, alla scadenza del contratto. Si pensi a macchinari ed attrezzature ed, in genere, ad investimenti che risultino non avere o avere un valore limitato in applicazioni diverse da quelle per le quali sono stati realizzati. Cfr. RINALDI R., *op. cit.*, p. 497, secondo cui andrebbe espressamente rivista la possibilità di superare il limite di durata sopraindicato laddove le esigenze di recupero degli investimenti effettuati lo giustifichino. Tale soluzione offrirebbe flessibilità alle imprese e non inciderebbe, nella sostanza, sugli obiettivi di tutela della concorrenza della Commissione, che comunque avrebbe sempre il potere di sindacare la ragionevolezza e la fondatezza della maggiore durata concordata.

anni sono assimilati a quelli di durata indeterminata e sono, pertanto, esclusi dall'applicazione dell'esenzione per categoria. Questa fattispecie riguarda, ad esempio, il caso in cui un contratto preveda un obbligo di non concorrenza di durata iniziale inferiore a cinque anni ma automaticamente rinnovabile per un periodo eccedente il suddetto limite, in assenza di disdetta da parte di almeno uno dei contraenti. In ogni contratto la cui durata possa estendersi oltre i cinque anni (anche grazie ad una clausola di rinnovo tacito) deve essere espressamente previsto che la clausola di non concorrenza non sarà più efficace una volta trascorsi cinque anni, a meno che entrambe le parti diano il loro consenso esplicito ad estenderne la durata. In realtà, quest'ultima precisazione, presente al punto 58 delle precedenti *Linee Guida*, non è stata riproposta al punto 66 degli *Orientamenti*, ma sembra comunque conservare la sua validità.

Gli obblighi di non concorrenza di durata indeterminata o tacitamente rinnovabili oltre i cinque anni continuano a non beneficiare dell'esenzione per categoria, anche in presenza di una clausola che attribuisca alle parti la possibilità di recedere in qualsiasi momento, con un breve preavviso, per rispondere ad eventuali migliori offerte. Si tratta di un approccio formalistico e inutilmente rigoroso, posto che, in linea di principio, la possibilità di affrancarsi dal vincolo negoziale consente di rispondere a eventuali migliori offerte, garantendo l'efficace svolgimento del processo competitivo[254].

La soluzione adottata dalla Commissione sembra riflettere il timore che la possibilità giuridica di cambiare fornitore possa rivelarsi illusoria, allorché il produttore sia in grado di indurre il rivenditore a proseguire il rapporto per un periodo prolungato facendo leva sulla sua posizione di forza economica e contrattuale. Sennonché, se la prosecuzione del rapporto si ricollega alla forza economica e al potere negoziale del fornitore, l'imporre alle parti l'onere di rinnovare formalmente il vincolo di esclusiva con cadenza al massimo quinquennale, escludendo dall'esenzione gli obblighi di durata indeterminata o tacitamente rinnovabili oltre i cinque anni indipendentemente dalla possibilità di recedere, non consente di risolvere il problema, che discende dallo squilibrio tra le posizioni dei contraenti.

Per rientrare nell'esenzione per categoria, secondo gli *Orientamenti*, gli obblighi di non concorrenza quinquennali o di durata inferiore non devono essere accompagnati da ostacoli che rendono problematico per l'acquirente svincolarsi effettivamente dall'obbligo alla scadenza (quali po-

---

[254] Cfr. FAELLA G., *Adelante con juicio – Limiti e occasioni perse della nuova esenzione per categoria delle intese verticali*, op. cit, p. 61.

trebbero derivare dalle condizioni di rimborso di un prestito fornito dall'acquirente o da limiti alla possibilità per l'acquirente di rilevare al loro valore di mercato, allo scadere dell'obbligo di non concorrenza, apparecchiature messe a disposizione dal fornitore e non specificamente funzionali al rapporto contrattuale).

È comunque prevista una deroga al limite di cinque anni per gli obblighi di non concorrenza quando i prodotti contrattuali sono venduti dall'acquirente in locali o terreni di proprietà del fornitore o da questi affittati presso terzi non collegati all'acquirente. In queste ipotesi, frequenti, ad esempio, nel settore della distribuzione dei carburanti, l'esenzione per categoria copre l'obbligo di non concorrenza anche per più di cinque anni, purché la durata non superi quella del periodo di occupazione dei locali e terreni da parte dell'acquirente. L'intento dichiarato di questa deroga è quello di garantire l'interesse del fornitore che, avendo messo a disposizione risorse proprie, non dovrebbe subire la commercializzazione dei prodotti di concorrenti nel proprio punto vendita. Questa deroga, espressamente prevista dal regolamento, viene estesa dalla Commissione in via analogica alle ipotesi in cui l'acquirente opera da un punto di vendita mobile di proprietà del fornitore o da questo affittato presso terzi non collegati all'acquirente.

Negli *Orientamenti* la Commissione specifica che comportamenti chiaramente volti ad eludere il limite di cinque anni ("la costituzione artificiale di un diritto reale, quale il trasferimento da parte del distributore dei diritti di proprietà sul terreno ed i locali al fornitore per un periodo limitato di tempo"[255]) non godono del beneficio dell'esenzione per categoria.

Si precisa che l'obbligo di non concorrenza che eccede il periodo quinquennale non è automaticamente nullo, bensì va valutato nel contesto di riferimento[256]. Ad esempio, in un sistema di franchising, talune clausole di non concorrenza sono state considerate legittime in quanto funzionali alla protezione della reputazione della rete di affiliazione commerciale, a condizione che esse siano indispensabili per impedire che i concorrenti si giovino del patrimonio di cognizioni e dell'assistenza forniti dal produttore.

La seconda categoria di restrizioni escluse è costituita dagli obblighi diretti o indiretti, che impongono all'acquirente dopo la scadenza dell'accordo di non produrre, acquistare, vendere o rivendere determinati beni o servizi. Anche in questa ipotesi, vi è peraltro una deroga che prevede che un obbligo diretto o indiretto di non concorrenza, successivo alla

---

[255] Cfr. *Orientamenti sulle restrizioni* verticali, n. 67.
[256] Cfr. Errico P., *op. cit.*, p. 1427.

cessazione del contratto, può essere imposto all'acquirente per un periodo massimo un anno, a condizione che tutti i requisiti previsti dall'art. 5, lett. b) del Reg. n. 330/2010 e di seguito riportati siano rispettati:

• L'obbligo di non concorrenza deve riguardare soltanto i beni o i servizi che siano in concorrenza con quelli contrattuali. Questo significa che non è possibile proibire all'acquirente di trattare i beni contrattuali, qualora egli riesca a ottenerli da fonti diverse rispetto al fornitore con cui abbia concluso il contratto;

• L'obbligo di non concorrenza deve essere limitato ai locali e ai terreni da cui l'acquirente ha operato durante il periodo di esecuzione del contratto. Si tratta di una limitazione significativa perché implica che l'acquirente abbia, invece, la facoltà di vendere prodotti concorrenti da un altro punto vendita;

• L'obbligo di non concorrenza deve essere necessario al fine di proteggere il *know how* commerciale trasferito dal fornitore all'acquirente. Quest'ultimo requisito richiede complesse valutazioni di natura qualitativa che possono creare un sostanziale grado di incertezza in sede di applicazione delle norma.

In assenza di questa deroga, si rischierebbe di non tutelare adeguatamente la proprietà intellettuale del fornitore, che potrebbe quindi essere disincentivato a condividerla in futuro con i propri distributori.

L'art. 5 prevede espressamente che le limitazioni relative alla libertà di imposizione di obblighi di non concorrenza dopo la cessazione del contratto non pregiudicano il diritto generale del fornitore di imporre all'acquirente un divieto di durata illimitata in relazione all'utilizzazione e alla diffusione del *know how* che non sia divenuto di dominio pubblico.

La terza restrizione esclusa dal beneficio dell'esenzione per categoria è l'obbligo diretto o indiretto per i membri di un sistema di distribuzione selettiva di non vendere marche di particolari fornitori concorrenti. L'esenzione per categoria, infatti, copre la combinazione della distribuzione selettiva con obblighi di non concorrenza che impongono al rivenditore di non rivendere marchi di imprese concorrenti, ma non è applicabile se il divieto riguarda uno specifico concorrente. La *ratio* dell'esclusione è quella di prevenire forme di boicottaggio collettivo volte a precludere l'accesso al mercato ad un determinato concorrente.

18. La revoca del beneficio dell'esenzione per categoria e il regolamento di disapplicazione della Commissione

Per le intese che rientrano nell'ambito di applicazione del Reg. n.

330/2010 vi è una presunzione relativa di legalità ai sensi dell'art. 101.1 del TFUE. Tuttavia, l'art. 29 del Reg. n. 1/2003 attribuisce alla Commissione europea e alle Autorità nazionali della concorrenza il potere di revocare in casi specifici il beneficio dell'esenzione per categoria[257].

Il presupposto della revoca è la constatazione, da parte della Commissione o di un'Autorità nazionale, che in uno specifico caso, un'intesa verticale, rientrante nell'ambito di applicazione del regolamento, considerata isolatamente o in combinazione con accordi simili attuati da fornitori o acquirenti concorrenti, non soddisfi tutte le condizioni di cui all'art. 101.3 del TFUE.

L'Autorità garante della concorrenza di uno stato membro può revocare il beneficio dell'esenzione per categoria quando le intese producono effetti incompatibili con l'art. 101.3 del TFUE "sul territorio di quello Stato membro o in una parte di esso avente tutte le caratteristiche di un mercato geografico distinto"[258]. Quando il mercato geografico rilevante è costituito dal territorio dello Stato membro o da una sua parte, la Commissione e l'Autorità di concorrenza di quello Stato hanno la facoltà concorrente di decidere la revoca. Se il mercato geografico è più ampio del territorio dello Stato, il potere di revoca spetta unicamente alla Commissione.

Sulla base dell'art. 29 del Reg. n. 1/2003, la revoca può riguardare intese rientranti nell'ambito di applicazione del regolamento di esenzione che, considerate singolarmente, non rispettino i requisiti di cui all'art. 101.3 del TFUE. Ad esempio, è ipotizzabile che a un accordo di distribuzione selettiva venga revocato il beneficio dell'esenzione laddove i criteri di selezione prescelti non presentino caratteri adeguati di efficienza in rapporto alla qualità del bene contrattuale, risultando preponderanti le restrizioni imposte alla dinamica concorrenziale.

Gli accordi che rispecchiano le condizioni previste dalla Comunicazione *De Minimis* non sono generalmente a rischio di revoca poiché la bassa quota di mercato che questa richiede rende estremamente difficile il verificarsi di effetti anticompetitivi.

Lo strumento della revoca è, altresì, utilizzabile nell'ipotesi di effetto cumulativo prodotto da reti parallele di accordi simili. Un accordo preso in

---

[257] Tale potere, inizialmente attribuito solo alla Commissione, è stato successivamente esteso alle autorità degli Stati membri nell'ambito della riforma della disciplina delle intese verticali alla fine degli anni Novanta. Il Reg. n. 330/2010, a differenza del precedente Reg. n. 2790/1999 non contiene specifiche disposizioni a riguardo, limitandosi a richiamare la questione nei considerando da 13 a 15.

[258] Per un approfondimento del concetto di "mercato distinto" si v. Cfr. RINALDI R., *op. cit.*, p. 502 ss.

considerazione singolarmente può non produrre effetti apprezzabili sotto il profilo del diritto della concorrenza. Ciò è tanto più vero quanto più debole è la posizione sul mercato delle parti. Tuttavia, sin dalle prime pronunce in tema di accordi verticali, la Corte di giustizia ha sottolineato la necessità di tener conto del contesto economico e giuridico in cui l'intesa si inserisce e nel quale può concorrere, con altri accordi, a produrre un effetto cumulativo sul gioco della concorrenza[259]. In tal modo, un'intesa, conforme al regolamento di esenzione se valutata singolarmente, potrebbe alterare il gioco della concorrenza se reiterata da più imprese nel medesimo settore. Il suo impatto, infatti, potrebbe essere quello che si avrebbe se gli accordi verticali fossero conclusi da imprese dotate di un potere di mercato corrispondente a quello detenuto complessivamente dai fornitori e dai distributori coinvolti[260].

Il principale effetto anticoncorrenziale che, di norma, deriva da un fascio di accordi verticali paralleli è quello della barriera all'ingresso in un determinato mercato (c.d. *effetto di foreclosure*). Ad esempio, gli effetti potenziali di preclusione del mercato derivanti da un obbligo di non concorrenza imposto da un fornitore con una quota pari al 25% saranno più gravi se simili obblighi di non concorrenza sono applicati anche da fornitori concorrenti che rappresentino un ulteriore 50% del mercato. In un tale scenario, infatti, un potenziale entrante avrebbe la possibilità di accedere esclusivamente ai rimanenti distributori non vincolati, detentori di una quota di mercato pari soltanto al 25%.

Sull'assunto che il singolo accordo non abbia da solo un effetto apprezzabile sulla concorrenza, la revoca dell'esenzione di gruppo, a causa degli effetti che reti parallele di accordi verticali producono sul mercato, dovrebbe comunque seguire i principi sanciti dalla giurisprudenza comunitaria in materia e che possono assumersi nei seguenti:

• Se l'accordo in questione è parte di un fascio parallelo di accordi similari[261], andrà verificato se tutti gli accordi dello stesso tipo conclusi sul mercato in esame abbiano un effetto preclusivo o limitativo della concor-

---

[259] Corte di Giustizia, sent. del 12 dicembre 1967, *Brasserie de Haecht* c. *i soci di fatto Wilkin-Janssen*, causa C-23/67, in *Raccolta*, p. I-480.

[260] Cfr. BRUZZONE G., *Riforma della politica comunitaria in materia di intese verticali. Verso un maggiore utilizzo dell'analisi economica, op. cit.*, p. 17.

[261] La Commissione sottolinea che la "somiglianza" delle reti di accordi va valutata non sul piano formale ma in relazione agli effetti sul mercato delle restrizioni verticali contenute in ciascun accordo. Una tale situazione può verificarsi, ad esempio, anche in ipotesi in cui alcuni fornitori pratichino una distribuzione selettiva meramente qualitativa e altri una distribuzione selettiva quantitativa. Cfr. *Orientamenti sulle restrizioni verticali, op. cit.*, n. 75.

renza[262];

• Se così fosse, andrà altresì accertato in che misura il singolo accordo contribuisce all'effetto cumulativo prodotto dal complesso dei contratti analoghi su detto mercato. Tale valutazione è determinante per imputare la responsabilità della chiusura del mercato solo ai fornitori che contribuiscono in modo significativo a crearla[263].

Una volta determinato che l'incidenza di una rete di accordi paralleli sul mercato è rilevante, andrebbe ancora esaminato se non esistono possibilità reali e concrete per un nuovo concorrente di entrare nel mercato (ad esempio aprendo un nuovo punto vendita o acquistandone uno esistente), l'effettivo grado di saturazione del mercato e la fedeltà dei consumatori alle marche esistenti.

Una simile analisi, condotta con accuratezza ed approfondimento, è tanto più necessaria se si considera che un'esenzione di gruppo, in linea generale, andrebbe a maggior ragione applicata ad accordi che rientrano nell'ambito di applicazione dell'art. 101.1 del TFUE unicamente in presenza di un effetto cumulativo di reti parallele. In questo caso, infatti, si tratta di accordi che rilevano, ai fini del diritto della concorrenza, solo a causa di elementi estranei al singolo accordo in esame[264].

Se poi si considera che l'esenzione per categoria, oltre alla finalità di semplificazione, ha proprio lo scopo di garantire alle parti dell'accordo la certezza del diritto sulla validità del rapporto posto in essere, appare evidente come la facoltà di revoca debba essere utilizzata solo nei casi in cui l'effetto cumulativo dell'insieme degli accordi in questione sia talmente restrittivo da rendere completamente ingiustificata l'esenzione e come l'analisi economica per valutare la significatività degli eventuali effetti limitativi della libertà di concorrenza debba aderire scrupolosamente ai sopra-

---

[262] In particolare, la Corte ha fornito una serie di parametri per apprezzare l'impatto di questi contratti sulla concorrenza: 1) il numero dei punti vendita contrattualmente vincolati ai produttori rispetto a quelli liberi da tale vincolo; 2) i quantitativi oggetto di questi impegni; 3) la proporzione tra tali quantitativi e quelli commercializzati da distributori non vincolati; 4) la durata dei vincoli contrattuali.

[263] In generale, si presume che un'impresa con una quota di mercato inferiore al 5% non sia in grado di contribuire in modo apprezzabile all'effetto cumulativo anticoncorrenziale; Cfr. *Orientamenti sulle restrizioni* verticali, n. 135. Pertanto, ad un'impresa che abbia una quota di mercato inferiore alla soglia del 5% (ossia la quota considerata rilevante ai fini dell'applicazione della Comunicazione *De Minimis*) ma superiore al 5% può essere revocato il beneficio dell'esenzione nel caso in cui vi sia un considerevole effetto anticoncorrenziale di tipo cumulativo derivante dal tipo di restrizione dalla stessa adottate.

[264] La parti contraenti non sono in grado di avere una puntuale e completa conoscenza di tali elementi, la cui valutazione comunque richiederebbe la disponibilità di fatti e dati numerosi e corposi.

menzionati criteri, definiti in materia dalla giurisprudenza comunitaria[265].

La decisione di revoca ha effetto *ex nunc*. Pertanto, sino a quel momento, l'intesa è da ritenersi legittima e non vi è alcun rischio di sanzione.

Un altro rimedio per rimuovere gli effetti anticoncorrenziali derivanti dalla presenza di una rete di accordi verticali simili, consiste nel potere della Commissione di dichiarare inapplicabile il regolamento di esenzione solo in un dato mercato e in relazione agli accordi verticali contenenti specifiche restrizioni. Questo strumento, che non è stato generalizzato attraverso il regolamento della modernizzazione n. 1/2003, trova espressamente consacrazione nell'art. 6 del Reg. n. 330/2010, secondo cui nei casi in cui reti parallele di restrizioni simili coprono più del 50% del mercato rilevante, la Commissione può mediante regolamento dichiarare inapplicabile l'esenzione per categoria agli accordi verticali che contengono specifiche restrizioni relative a tale mercato.

La copertura del 50% del mercato è condizione necessaria per la disapplicazione del regolamento, ma quest'ultima non è una misura dovuta da parte della Commissione. Essa dovrà valutare se le reti parallele di accordi che hanno sul mercato effetti simili comportino restrizioni significative della concorrenza e se non sia più appropriato adottare una decisione di revoca del beneficio dell'esenzione nei confronti di specifiche imprese. La scelta può dipendere dal numero delle imprese o dei mercati geografici interessati, che se troppo elevato può rendere più efficiente l'opzione del regolamento di disapplicazione.

Adottando simili regolamenti ci si limiterebbe a dichiarare, *a priori*, la non applicabilità di un'esenzione di categoria a determinati settori sulla base della mera esistenza di accordi simili che si trovino, cumulativamente, a coprire una quota rilevante del mercato in questione.

In proposito vale la pena notare che nel giudizio dinanzi alla Corte di giustizia nel caso *Delimitis*[266], l'Avvocato generale, pur riconoscendo che un'alta percentuale di punti di vendita legati da accordi verticali può seriamente minare la concorrenza in un mercato, precisò che non è tuttavia possibile stabilire una soglia di mercato che conduca da sola all'applicabilità dell'allora art. 81.1 del TCE (ora art. 101.1 del TFUE). È evidente, quindi, che si sia introdotto un altro automatismo arbitrario e non collegato ad una specifica analisi economica[267]. Tale soluzione, che forse favorisce le esigenze di semplificazione della Commissione, appare sicura-

---

[265] Cfr. RINALDI R., *op. cit.*, pp. 500-501.
[266] Corte di Giustizia, sent. del 28 febbraio 1991, *Delimitis* c. *Henninger*, causa C-23/67, in *Raccolta*, p. 935.
[267] Cfr. RINALDI R., *op. cit.*, p. 501.

mente in contrasto con i principi che in materia di reti parallele la giurisprudenza comunitaria ha, nel tempo, indicato e tradisce l'obiettivo di maggiore aderenza agli effetti economici che la riforma si era proposta.

Il regolamento di disapplicazione non potrà avere effetto retroattivo e, pertanto, la perdita del beneficio dell'esenzione avrà effetto a partire dalla sua entrata in vigore. A tal proposito si segnala un'innovazione apportata dal Reg. n. 330/2010 rispetto al precedente testo. Infatti, mentre il precedente regolamento prevedeva espressamente che un simile regolamento non si applicasse prima di sei mesi dalla data delle sua adozione[268], la norma vigente non ha riproposto tale indicazione temporale[269].

---

[268] Cfr. art. 2, par. 2, Reg. n. 2790/1999. La *ratio* di tale disposizione era quella di fornire alle imprese un lasso di tempo adeguato per modificare i propri rapporti, al fine di poter continuare a godere del beneficio dell'esenzione. In merito era stato già osservato che il termine semestrale previsto difficilmente sarebbe stato sufficiente per consentire la modifica o addirittura la completa ristrutturazione delle reti di distribuzione di un intero mercato. Cfr. VENEZIA A., *La nuova disciplina comunitaria in materia di restrizioni verticali ed il regolamento n. 2790/1999*, *op. cit.*, 2000, p. 1056.

[269] Cfr. Errico P., *op. cit.*, p. 1429, secondo cui la mancanza di un termine preciso permetterà alla Commissione di adeguare l'eventuale termine in base alle esigenze derivanti dal contesto economico di riferimento.

4. Le vendite *online*

19. La distribuzione commerciale nell'era di *internet*

Uno dei principali motivi ispiratori del processo di revisione della disciplina delle intese verticali era l'esigenza di adeguare il quadro normativo europeo all'evoluzione tecnologica e, segnatamente, allo sviluppo del commercio *online*, che ha indotto notevoli cambiamenti nella struttura e nelle dinamiche dei mercati della distribuzione commerciale.

Secondo la comunicazione[270] pubblicata dalla Commissione nell'ottobre del 2009, gli acquisti transfrontalieri *online* presenterebbero due vantaggi fondamentali per i consumatori: una gamma più vasta di prodotti fra cui scegliere e la possibilità di risparmiare denaro.

Gli acquisti *online* transfrontalieri aumentano le possibilità di risparmiare denaro grazie ad una più vasta gamma di offerte per gli stessi prodotti[271].

D'altra parte, gli acquisti *online* transfrontalieri permettono ai clienti di trovare dei prodotti che non sono distribuiti nel mercato nazionale e questo vantaggio si rivela essere particolarmente importante per i consumatori degli Stati membri più piccoli.

Per quanto concerne le imprese, lo sviluppo del commercio *online* ha mutato le dinamiche competitive nel settore distributivo: da un lato, gli operatori *online* hanno una struttura dei costi diversa da quella dei distributori tradizionali, giacché i costi di consegna sono più elevati, mentre quelli relativi al mantenimento e alla gestione dei locali commerciali sono minori; dall'altro, i distributori che operano via *internet* prestano normalmente servizi – quale l'accesso alle opinioni degli altri consumatori e la consegna – che i rivenditori tradizionali non offrono o forniscono soltanto in misura minore.

20. Le vendite *online* nelle *Linee Guida* del 2000

Nelle *Linee Guida* del 2000 la trattazione del commercio elettronico era

---

[270] Comunicazione della Commissione, 22 ottobre 2009, *Comunicazione della Commissione sul commercio elettronico transfrontaliero tra imprese e consumatori nell'UE*, COM(2009) 557.

[271] A sostegno di questa tesi, un *test* effettuato nel 2009 all'interno dell'Unione europea ha mostrato come le vendite transfrontaliere presentano un consistente potenziale, in termini di risparmio. Dai risultati è emerso che in 13 del 27 Stati membri sarebbe stato possibile trovare un'offerta transfrontaliera più economica di almeno il 10% rispetto a quella nazionale, per più della metà dei prodotti esaminati (pari a 100). Cfr. *ivi*, pp. 3-4.

relegata ad un unico succinto paragrafo, che ha avuto il demerito di suscitare più di una difficoltà interpretativa.

In particolare, al punto 51, veniva sostenuto che "qualsiasi distributore deve essere libero di utilizzare *internet* per pubblicizzare o vendere i prodotti". Tale affermazione trovava il suo fondamento giustificativo nella circostanza che l'uso di *internet* si presumeva essere una forma di vendita passiva che, come tale, non poteva costituire oggetto di restrizione[272].

Veniva specificato che l'ipotesi in cui "un cliente visita il sito di un distributore e lo contatta, e se tale contatto si conclude con una vendita, inclusa la consegna effettiva" costituiva una vendita passiva mentre "la lingua utilizzata sul sito o nella comunicazione" non svolgeva alcun ruolo.

In base a quanto detto, pertanto, una restrizione dell'uso di *internet* sarebbe stata compatibile con il regolamento di esenzione soltanto nei casi in cui questo avrebbe costituito una forma di vendita attiva.

A tal proposito le *Linee Guida* chiarivano che l'uso di *internet* poteva dar luogo a vendite attive nella misura in cui il sito *web* del distributore fosse stato "specificamente destinato a raggiungere clienti principalmente all'interno di un territorio o di una clientela attribuiti in esclusiva ad un altro distributore". Si consideravano tali, ad esempio:

• L'inserimento di *banner* o *link* in siti specificamente dedicati ad una clientela situata al di fuori della zona contrattuale;

• L'invio da parte del distributore di messaggi di posta elettronica non sollecitati ai potenziali clienti appartenenti ad un territorio (o ad una clientela) di un altro distributore autorizzato.

I fornitori con una quota di mercato inferiore al 30% che facevano ricorso alla distribuzione selettiva erano legittimati, nel definire le caratteristiche della propria rete di distributori, ad imporre "il rispetto di *standard* qualitativi in relazione all'uso di *internet*". Tuttavia, fra gli *standard* qualitativi non veniva esplicitamente ricompresa la richiesta, da parte del fornitore, di associare la vendita *online* alla presenza necessaria di uno o più punti di vendita "non virtuali" (c.d. *brick and mortar shops*).

Inoltre, il fornitore che ricorreva alla distribuzione selettiva era legittimato a richiedere ai propri distributori autorizzati di escludere del tutto il sistema di distribuzione *online*, purché vi fosse una giustificazione oggettiva.

---

[272] Si ricorda che in un sistema di distribuzione selettiva non possono essere limitate né le vendite passive, né quelle attive. In un sistema di distribuzione esclusiva possono essere vietate solo le vendite attive di un distributore in territori/gruppi di clienti, attribuiti in via esclusiva ad altri rivenditori.

21. Il processo di revisione della disciplina delle vendite *online*

Le molteplici opportunità offerte da *internet*, in termini di penetrazione di nuovi mercati, hanno spinto produttori e fornitori a competere tra loro per assumerne il controllo. Da un lato, è cresciuta la tensione dei produttori volta a porre limiti quantitativi e *standard* qualitativi rispetto alle scelte di vendita *online* dei propri distributori, spingendosi talvolta fino a tentativi di divieto assoluto. Dall'altro, i distributori, considerando sempre di più la vendita *online* un'importante opportunità commerciale, hanno cercato di gestirla senza limiti, in modo indipendente dai fornitori di riferimento. In altri termini, con l'espandersi dell'*e-commerce*, sono cresciuti gli incentivi a porre in essere clausole restrittive volte a limitare o "addomesticare" l'uso di *internet*.

Nell'autunno del 2008 la Commissione diede ufficialmente inizio al processo di revisione del regolamento di esenzione n. 2790/1999 e delle relative *Linee Guida*.

Dall'esperienza applicativa delle *Linee Guida* del 2000 era emersa la necessità di affrontare prioritariamente il problema della distinzione fra vendite attive e passive, che aveva dato luogo a notevoli incertezze interpretative. D'altra parte, la crescente tendenza dei fornitori ad introdurre delle limitazioni alle vendite *online* aveva portato il legislatore ad interrogarsi sui casi in cui queste possono essere considerate lecite e quando, invece, devono essere vietate.

Con specifico riguardo alla distribuzione selettiva occorreva soffermarsi sui temi degli *standard* qualitativi che possono essere richiesti per aver accesso alla rete e sulla legittimazione o meno, da parte del fornitore, di escludere del tutto il ricorso al sistema di distribuzione *online*.

Il processo di revisione della disciplina delle restrizioni verticali è stato caratterizzato dalla radicale contrapposizione tra la *lobby* degli operatori *online* e quella delle imprese produttrici di prodotti di lusso e di marca[273].

Secondo queste ultime, l'irrigidimento della disciplina delle vendite *onli-*

---

[273] Esso è stato preceduto da un dibattito in seno al Gruppo di Consultazione (*Consumer and industry Roundtable on Opportunities and barriers to online retailing and the European Single Market*), indetto per la prima volta il 17 settembre del 2008, nel quale il Commissario *Neelie Kroes* invitò numerosi rappresentanti di imprese e di associazioni di consumatori a prendere parte alla discussione sulle opportunità di *business* create da *internet* e sull'esistenza di barriere all'incremento delle vendite *online* al dettaglio in Europa. Le posizioni espresse in tali discussioni sono state poi prese in considerazione nell'ambito del complesso processo di revisione delle norme sulle restrizioni verticali. Cfr. ARONSSON M., *Selective distribution and online sales*, Master of Law Thesis, 2010, University of Gothenburg, p. 37 ss.

ne avrebbe ridotto l'autonomia negoziale degli operatori che, tenuto conto della soglia generale del 30%, ai fini del beneficio dell'esenzione, sarebbero in ogni caso titolari di posizioni di mercato non preoccupanti. Le suddette imprese hanno fondato la propria opposizione alla nuova regolazione sulla specificità dei loro prodotti e sulla necessità di avvalersi sempre del sistema di distribuzione selettiva che, per definizione e come previsto dallo stesso regolamento di esenzione, presuppone la libertà di definire le caratteristiche dei propri distributori al fine di garantire la qualità dei servizi offerti ai consumatori finali[274].

È stata poi sottolineata la necessità di evitare fenomeni di *free riding*, da parte dei distributori *online*, a scapito dei negozi fisici che effettuano gli investimenti necessari a garantire il corretto approccio con i clienti, sia in fase di vendita che in fase post-vendita, e che i distributori *online* non sono in grado di offrire. Il rischio paventato è che i fenomeni di *free riding* dei distributori *online* porti, nel medio periodo, a disincentivare i "*brick and mortar shops*" a svolgere i dovuti investimenti, peggiorando il livello della qualità dei prodotti e dei servizi da essi offerti.

La medesima posizione, peraltro, è stata espressa dai rappresentanti della grande distribuzione, secondo i quali gli *Orientamenti* avrebbero dovuto esplicitamente prevedere che "i produttori siano autorizzati a richiedere che il sito *internet* sia il prolungamento del *brik and mortar shop* e che offra un livello qualitativo equivalente a quello dei negozi fisici".

Opposta, naturalmente, la posizione delle imprese che operano esclusivamente *online*, le quali, richiedevano una maggiore tutela delle vendite *online*, sostenendo che qualunque limitazione delle stesse avrebbe costituito una restrizione delle vendite passive e, come tale, non esentabile.

Esse hanno del tutto rifiutato l'argomento del rischio di *free riding*. In particolare, secondo *E-bay*, attualmente il principale tra i c.d. distributori "*online only*", i consumatori usano i servizi informativi forniti da *internet* come parte integrante della loro esperienza l'acquisto e, pertanto, i fenomeni di *free riding* andrebbero nella direzione opposta a quella paventata dai produttori del lusso. La tendenza crescente dei consumatori sarebbe, dunque, quella di reperire informazioni *online* e poi, successivamente, effettuare l'acquisto. Infine, è stato anche ricordato come ideare e mantenere una rete *online* che sia attraente per i consumatori è anch'essa un'attività che richiede un investimento con costi significativi.

---

[274] Con riferimento ai distributori "*online only*" si guardi, in particolare, la tesi sostenuta da *E-Bay* mentre per le imprese del lusso quella di LVMH (*Moët Hennessy Louis Vuitton*). *Ivi*, p. 37 ss.

22. Le vendite *online* nei nuovi *Orientamenti*

Nonostante la rilevanza ad essa attribuita, il testo del nuovo regolamento di esenzione n. 330/2010 continua a non avere alcun riferimento esplicito alla distribuzione *online*, lasciando esclusivamente agli *Orientamenti* il compito di esplicitare la posizione della Commissione sul tema.

Gli *Orientamenti*, essendo contenuti in una comunicazione, hanno un valore normativo più limitato del regolamento, in quanto vincolano esclusivamente la Commissione e non le Autorità *antitrust* nazionali. Essi, inoltre, si caratterizzano per delle formulazioni di principi generali, che lasciano alle Autorità europee margini di interpretazione alquanto ampi nei casi concreti. Ciò ha chiaramente l'effetto negativo di ridurre la certezza degli operatori[275].

Gli *Orientamenti*, al punto 52, evidenziano una netta presa di posizione a favore dell'uso di canali elettronici di vendita, laddove affermano che *"internet* rappresenta uno strumento straordinario per raggiungere clienti più numerosi e diversificati rispetto a quanto avverrebbe utilizzando solo metodi di vendita più tradizionali". Si tratta di un'aggiunta assai significativa, che non solo non era presente nelle *Linee Guida* del 2000, ma non figurava neppure nella versione fatta circolare ai fini della consultazione pubblica.

Lo stesso paragrafo prosegue poi confermando il principio in base al quale a "qualsiasi distributore deve essere consentito di utilizzare *internet* per vendere i prodotti". La compressione di questo diritto può avvenire da parte del produttore solo per motivi del tutto eccezionali che, gli *Orientamenti*, ritengono sussistere" quando è necessario allinearsi ad un divieto pubblico di vendita di sostanze pericolose a determinati clienti per motivi sanitari o di sicurezza"[276].

Al di là di tali casi limite, ogni indebita limitazione apposta a tale diritto costituisce una vera e propria *hardcore restriction*, ai sensi dell'art. 4 del Reg. n. 330/2010, che trascina l'intero accordo al di fuori dell'esenzione per categoria.

Sotto un profilo giuridico, la *ratio* sottesa alla qualificazione delle limitazioni in parola alla stregua di una *hardcore restriction*, trova giustificazione nel

---

[275] Cfr. BARUCCI P. e BARONE A., *Il nuovo regolamento europeo sulle restrizioni verticali*, in "Mercato concorrenza regole", 2010, vol. 3, p. 438. Secondo gli AA. "poiché si tratta di una materia ancora assai dibattuta, la scelta prudenziale di continuare a ricorrere a una fonte normativa meno rigida come le *Linee Guida* può anche essere giudicata positivamente".

[276] Cfr. *Orientamenti sulle restrizioni verticali*, n. 60. Come già detto al par. 16., si tratta di uno di quei casi in cui delle restrizioni fondamentali possono risultare compatibili con l'art. 101.1 del TFUE, in quanto non rientrano nel campo di applicazione del divieto.

fatto che, per la Commissione, i vincoli apposti ad *internet* sono considerati quali restrizione poste alla capacità dei distributori di accedere in modo passivo al consumatore finale[277].

Nel periodo di applicazione del precedente regolamento, la disciplina delle vendite via *internet* aveva dato luogo a molte incertezze interpretative, in particolare per quanto riguardava la definizione di quel tipo di vendite come "vendite passive".

Il nuovo testo degli *Orientamenti*, muovendo proprio da quest'ultima affermazione, stabilisce che sono assimilate alle vendite passive:

• L'ipotesi in cui un cliente visita il sito *internet* del distributore, lo contatta e conclude l'acquisto (compresa la consegna effettiva del bene);

• L'ipotesi in cui il cliente decide di essere informato automaticamente dal distributore e ciò determina una vendita[278];

• La scelta delle lingue utilizzate sul sito *internet* e per la comunicazione.

Sono, invece, considerate vendite attive:

• La pubblicità *online* specificamente indirizzata a determinati clienti;

• i *banner* che mostrino un collegamento territoriale su siti *internet* di terzi nei territori in cui tali *banner* sono visibili;

• Gli sforzi compiuti per essere reperiti specificamente in un particolare territorio o da un determinato gruppo di clienti;

• Il pagamento di un compenso ad un motore di ricerca o ad un *provider* pubblicitario *online* affinché vengano presentate inserzioni pubblicitarie specificamente agli utenti situati in un particolare territorio.

Sia con riferimento alle vendite passive che a quelle attive, rispetto alle precedenti *Linee Guida*, la Commissione si è preoccupata di individuare delle nuove ipotesi, al fine di superare le incertezze legate alla loro qualificazione.

È interessante soffermarsi sul linguaggio utilizzato sul sito *internet* del distributore, dove gli *Orientamenti* presentano una differente formulazione rispetto alle precedenti *Linee Guida*. Queste ultime prevedevano che "la lingua utilizzata sul sito o nella comunicazione non svolge di norma alcun ruolo"[279], mentre gli *Orientamenti* asseriscono che "le scelte delle lingue utilizzate sul sito o per la comunicazione sono considerate di per sé una forma di vendita passiva"[280].

---

[277] *Ivi*, n. 52.
[278] Si tratta di un'ipotesi, non presente nelle precedenti *Linee Guida*, che è stata introdotta dai nuovi *Orientamenti*.
[279] Cfr. *Linee Guida sulle restrizioni verticali*, n. 51
[280] Cfr. *Orientamenti sulle restrizioni verticali*, n. 52.

Come sostenuto da alcuni autori, le implicazioni di questa differente formulazione sono poco chiare[281]. La scelta delle lingue utilizzate sul sito *internet* non può, di per sé, cambiare la natura delle vendite *online*, effettuate al di fuori del territorio di competenza. Esse saranno sempre qualificate come passive. L'attuale formulazione degli *Orientamenti* sembra supportare una conclusione diversa qualora il distributore investa in un sito *internet*, utilizzando una lingua differente rispetto a quella del suo territorio di competenza. Così facendo, infatti, andrebbe oltre la semplice scelta di una lingua diversa nel suo sito *internet*. Nel caso in esame, potrebbe sembrare che la Commissione sia più propensa ad accettare che si tratti di una forma di vendita attiva. Ai fini di tale valutazione potrebbe essere rilevante il fatto che la lingua utilizzata nel sito *internet* sia l'inglese piuttosto che un'altra lingua universalmente meno usata. Pertanto, a differenza delle precedenti *Linee Guida*, la lingua usata potrebbe "svolgere un ruolo".

Per contestare la natura passiva delle vendite sarà, in ogni caso, opportuno non fare esclusivamente riferimento alla lingua usata. Potrebbe risultare utile considerare, anche, altri indizi come il nome a dominio utilizzato e la presenza di elementi specificamente dedicati al paese che non rientra nel proprio ambito di competenza (si pensi ad un distributore esclusivo greco che inserisca un listino prezzi in sterline inglese o preveda una linea telefonica *ad hoc* per la Francia).

Uno volta stabilito ciò, all'interno dei sistemi di distribuzione selettiva ed esclusiva, la disciplina del vendite attive e passive segue quanto previsto in termini generali dal regolamento.

23. La vendite *online* nella distribuzione selettiva

La distinzione tra vendite attive e passive non ha molto senso nel quadro di una distribuzione selettiva, perché in tale contesto, ai rivenditori deve essere concesso di poter vendere attivamente o passivamente a tutti gli utenti finali e a tutti i membri della rete. A tal proposito, gli *Orientamenti* precisano che "il rivenditore dovrebbe essere libero di vendere, in modo sia attivo che passivo, a tutti gli utenti finali, anche mediante *internet*"[282].

Tale distinzione, peraltro, è rilevante laddove la distribuzione selettiva in un paese si relazioni con un sistema distributivo esclusivo vigente in un altro. In questo caso, infatti, l'utilizzo di *internet,* quale strumento di vendita passiva, consente di ammettere ingerenze nei territori affidati al distributo-

---

[281] Cfr. WIJCKMANS F. e TUYTSCHAEVER F., *op. cit.*, p. 231.
[282] Cfr. *Orientamenti sulle restrizioni verticali*, n. 56.

re esclusivo: ingerenza che, per converso, non sarebbe lecita laddove *internet* fosse considerata una modalità di vendita attiva[283].

Gli unici obblighi, esplicitamente previsti, che il fornitore può imporre riguardano, da un lato, la proibizione di svolgere la propria attività in luoghi di stabilimento non autorizzati (c.d. clausola di localizzazione) e, dall'altro, quello di rivendere merce a distributori non autorizzati.

In merito al primo, viene precisato che "l'utilizzo del proprio sito *internet* da parte di un distributore non può essere assimilato all'apertura di un nuovo punto vendita"[284], e dunque potenzialmente non autorizzabile. Per la stessa *ratio*, un divieto di vendere i prodotti *online* non può essere considerato equivalente ad un divieto di svolgere la propria attività in un luogo di stabilimento non autorizzato[285].

Con riferimento al secondo, la revisione dell'art. 4, lett. b), del Reg. n. 330/2010 ha ridotto le possibilità di limitare le attività delle imprese appartenenti a sistemi di distribuzione selettiva, contenendo la portata del divieto a vendere a distributori non autorizzati al solo territorio "che il fornitore ha riservato a tale sistema". Pertanto, al di fuori di esso, il distributore designato può operare in totale libertà con distributori non autorizzati, anche tramite *internet*.

23.1. I criteri qualitativi

"Il fornitore può esigere il rispetto di *standard* qualitativi in relazione all'uso di siti *internet* per la rivendita dei suoi beni, così come può farlo in relazione ad un punto vendita o alla vendita via catalogo o all'attività pubblicitaria e promozionale in generale"[286]. Gli *Orientamenti*, innovando rispetto alle precedenti *Linee Guida*, si preoccupano di individuare specifici requisiti qualitativi che, ai sensi dell'esenzione per categoria, possono essere richiesti dal fornitore.

Il primo dei requisiti, riguarda la possibilità per il produttore di richiedere che un rivenditore, per essere ammesso alla rete selettiva, disponga di

---

[283] Cfr. par. 14. Ai distributori operanti in un sistema di distribuzione selettiva possono essere imposte delle restrizioni delle vendite attive (ma non passive) per proteggere un sistema di distribuzione esclusivo gestito altrove.

[284] Cfr. *Orientamenti sulle restrizioni verticali*, n. 56.

[285] Corte di giustizia europea, sent. del 13 ottobre 2011, *Pierre Fabre Dermo-Cosmétique SAS* c. *Président de l'Autorité de la concurrence, Ministre de l'Économie, de l'Industrie et de l'Emploi*, causa C-439/09. La Corte ha sostenuto che l'espressione "luogo di stabilimento" si riferisce solamente ai punti vendita nei quali si praticano vendite dirette.

[286] Cfr. *Orientamenti sulle restrizioni verticali*, n. 54.

un punto di vendita fisico di tipo tradizionale[287]. Sul punto la posizione espressa dalla Commissione, negli *Orientamenti*, rispecchia la casistica francese in tema di distribuzione selettiva e restrizione delle vendite[288].

Tale previsione consente al produttore di impedire l'accesso alla rete da parte di rivenditori o piattaforme puramente virtuali, enfatizzando la necessità di una relazione fisica fra consumatore e bene venduto.

Tuttavia, il requisito sopramenzionato è considerato legittimo, solo se la natura del prodotto in questione sia tale da richiedere la presenza di punti vendita "non virtuali"[289].

È interessante chiedersi se la richiesta in esame, da parte del fornitore, possa considerarsi legittima anche in presenza di una quota di mercato superiore al 30%. Le Autorità *antitrust* sembrano limitare la sua legittimità al possedimento di una quota di mercato inferiore al 30% ma, tale impostazione risulta coerente soltanto se il requisito in questione viene qualificato come una restrizione competitiva. Al contrario, si ritiene che esso costituisca uno *standard* qualitativo che, come tale, dovrebbe conservare la sua legittimità, a prescindere dalla quota di mercato detenuta[290]. Gli *Orientamenti*, al punto 54, avvalorano questa tesi, ricomprendendolo esplicitamente fra gli *standard* qualitativi che un fornitore può richiedere ai suoi distributori.

Il secondo requisito, attiene all'utilizzo, da parte dei distributori, di piattaforme di terzi per la commercializzazione dei prodotti contrattuali e scaturisce dall'esigenza di superare i problemi da queste cagionate ai sistemi di distribuzione selettiva.

I fornitori, infatti, possono mantenere efficacemente chiuso il proprio sistema, cosicché i rivenditori non autorizzati non entrino in possesso dei loro prodotti. Tuttavia, poiché non possono controllare il comportamento dei propri distributori autorizzati corrono il rischio che questi si servano di piattaforme di terzi (come *E-bay* o *Amazon*) per la commercializzazione dei prodotti contrattuali[291].

---

[287] Cfr. *ibidem*.

[288] *Conseil de la Concurrence*, dec. del 24 luglio 2006, *Festina France*, n. 06-D-24. *Bijourama*, operatore esclusivamente virtuale, aveva invano chiesto di essere ammesso alla rete di distribuzione *Festina*. L'inclusione nella rete ufficiale *Festina* era stata negata poiché, come condizione di accesso, veniva richiesto il possedimento di uno o più punti di vendita non virtuali. In tal caso, l'Autorità *antitrust* francese ha sostenuto che un'impresa che distribuisce i propri prodotti attraverso una rete di distribuzione selettiva può definire liberamente i criteri di selezione dei distributori autorizzati e, in particolare, richiedere che essi abbiano un "*brik and mortar shop*" per accogliere i clienti e presentare i prodotti contrattuali.

[289] Cfr. *Orientamenti sulle restrizioni verticali*, n. 176.

[290] VOGEL L., *EU competition law applicable to distribution agreements: review of 2011 and outlook for 2012*, in "Journal of european competition law and practice", 2012, p. 6.

[291] Nel fase di revisione del regolamento, *E-Bay* ha sostenuto che i suoi negozi *online* sono buoni

Per far fronte a questa problematica, gli *Orientamenti* prevedono la possibilità del fornitore di richiedere che i propri distributori "utilizzino piattaforme di terzi per distribuire i propri prodotti del contratto esclusivamente in conformità delle norme e condizioni concordate tra il fornitore ed i suoi distributori per l'utilizzo di *internet* da parte di questi ultimi". Ad esempio, qualora il sito *internet* del distributore sia ospitato da una piattaforma di terzi, il fornitore può richiedere che i clienti non entrino nel sito del distributore attraverso un sito recante il nome o il logo della piattaforma di terzi.

Pertanto, sarà possibile per un rivenditore o evitare, in maniera assoluta[292], che il distributore venda i prodotti contrattuali su piattaforme di terzi o fissare determinate condizioni che il distributore dovrà rispettare per utilizzare tali piattaforme per la distribuzione dei beni contrattuali.

La possibilità di vietare la commercializzazione dei prodotti tramite piattaforme di terzi o di imporre dei criteri per il loro utilizzo non è limitato ai soli prodotti di marca, poiché si tratta di uno *standard* qualitativo per le vendite *online*, paragonabile alla richiesta di possedere uno o più punti di vendita non virtuali[293].

23.2. Il criterio della *"overall equivalence"*

In considerazione delle infinite possibilità che le moderne tecnologie offrono e consapevole delle oggettive differenze che sussistono nel presentare e commercializzare i prodotti attraverso *internet* rispetto ai canali di vendita tradizionali, gli *Orientamenti*, con riguardo alla natura dei criteri che possono essere richiesti, fissano il principio della *"overall equivalence"*.

Come già detto, la Commissione considera *hardcore restriction* qualsiasi obbligo che impedisca ai rivenditori designati l'utilizzo di *internet* per raggiungere clienti più numerosi e differenziati. Esso, tuttavia, non comporta l'impossibilità di porre alcuni limiti alla facoltà dei membri di un sistema di distribuzione selettiva di commercializzare attraverso *internet* i prodotti oggetto del contratto[294]. La Commissione richiede, però, che i criteri imposti

---

quanto gli altri negozi *online*. Dall'altro lato, LVMH ha presentato un sondaggio dove il 65% dei clienti ha ritenuto dannoso per le marche di lusso vendere su tali piattaforme.

[292] In Germania, esiste una significativa giurisprudenza secondo cui, all'interno di un sistema di distribuzione selettiva, gli *standard* qualitativi imposti al distributore possono giustificare un divieto assoluto di vendere *online* tramite piattaforme di terzi. Cfr. Karlsruhe district court, 25 novembre 2009, case 6 U 47/08.

[293] Munich Appeal Court, 2 luglio 2009, E-*bay*, case UK 4842/08.

[294] Un approccio così rigido risulterebbe in contrasto con la stessa *ratio* della distribuzione selettiva, che presuppone che alcuni standard qualitativi per la commercializzazione possano essere fondamentali per la vendita di alcuni prodotti. Cfr. ASSONIME n. 23/2010, *op. cit.*, p. 1334.

per le vendite *online* siano "nel complesso equivalenti a quelli imposti presso un punto vendita non virtuale". Ciò non implica la necessità di adottare criteri identici per i diversi canali di vendita, ma che essi "dovrebbero perseguire gli stessi obiettivi ed ottenere risultati compatibili" e che "la differenza tra i criteri deve essere giustificata dalla natura diversa di questi due modi di distribuzione"[295].

Gli *Orientamenti* prospettano degli esempi in cui il suddetto principio della c.d. *overall equivalence* possa trovare applicazione[296]. Ad esempio, per impedire le vendite a distributori non autorizzati, un fornitore può imporre ai suoi distributori selezionati dei limiti quantitativi alle vendite effettuate ad un singolo utente finale. Tale limite può essere diverso per i vari canali di vendita, a seconda della facilità con cui essi consentono ai commercianti non autorizzati disonesti di eludere comunque il divieto di trattare la merce. Esso sarà più rigido per le vendite *online* se è più facile per un distributore non autorizzato ottenere tali prodotti utilizzando *internet*. Analogamente, sarà più rigido per le vendite *offline* se è più facile ottenerli da un punto vendita non virtuale[297].

A prescindere dal dato letterale degli *Orientamenti* che fa esplicitamente riferimento a "qualsiasi obbligazione", il suddetto criterio della "*overall equivalence*" non può essere ragionevolmente applicato a quei requisiti richiesti per le vendite *online* che non trovano una diretta corrispondenza nel mondo non virtuale (si fa riferimento, ad esempio, alle caratteristiche del *layout* del sito, ad una facile navigazione, ecc..). Essi saranno soggetti alla sopramenzionata regola generale secondo cui il "fornitore può esigere il rispetto di *standard* qualitativi in relazione all'uso di *internet*"[298].

L'applicazione del criterio della "*overall equivalence*" può risultare particolarmente problematica.

Innanzitutto, una restrizione delle vendite *online*, all'interno di un sistema di distribuzione selettiva, può configurare una *hardcore restriction*. In questo caso, piuttosto che concentrarsi su una valutazione di equivalenza, sarà

---

[295] Cfr. *Orientamenti sulle restrizioni verticali*, n. 56.

[296] Cfr. GRASSANI S., *Vendite internet e selezione della rete distributiva: Darwin o Posner?*, in "Mercato concorrenza regole", 2011, n. 2, p. 394. Secondo l'A. gli esempi riportati "fanno poca luce sul significato di «complessiva equivalenza» e sui parametri da seguire nella sua valutazione; nemmeno è chiaro il senso dei «risultati comparabili».

[297] Un'altra ipotesi, indicata a titolo paradigmatico dagli *Orientamenti*, fa riferimento alla necessità di garantire la consegna tempestiva dei prodotti oggetto del contratto. Per le vendite *offline* un fornitore può imporre che i prodotti vengano consegnati immediatamente. Considerando che non è possibile imporre una condizione identica per le vendite *online*, il fornitore può precisare determinati termini di consegna praticabili per tali vendite.

[298] Cfr. WIJCKMANS F. e TUYTSCHAEVER F., *op. cit*, p. 234.

più opportuno verificare se i criteri fissati per le vendite *online* perseguono direttamente o indirettamente l'obiettivo di restringere le vendite passive. Se questo dovesse verificarsi, essi dovranno essere considerati delle restrizioni fondamentali e, come tali, comporteranno la perdita del beneficio dell'esenzione, indipendentemente da ogni equivalenza con i criteri delle vendita *offline*.

Tuttavia, la Commissione sembra non seguire questo approccio. Gli *Orientamenti*, infatti, nell'individuare alcuni requisiti che possono legittimamente essere fissati per le vendite *online*, si basano esclusivamente su una valutazione comparativa con quelli previsti per le vendite *offline*, senza entrare nel merito dei potenziali effetti degli stessi sulle vendite passive[299].

D'altra parte, l'applicazione del criterio della *"overall equivalence"*, per canali distributivi così vasti e differenti, potrebbe, nei fatti, rivelarsi una missione impossibile. La sua scarsa chiarezza scoraggia le imprese e le pone in uno stato di incertezza giuridica: esse devono impegnarsi a ricercare i requisiti "più equi" per le vendite *online*, rimanendo di fronte al rischio di aver implementato una *hardcore restriction*[300].

Al di là delle difficoltà applicative, il principio in esame non sembra evitare i problemi che possono essere sollevati dalla coesistenza di due canali commerciali profondamente diversi, posto che i rivenditori *online* possono rispondere a criteri di selezione equivalenti, ma avere comunque costi molto minori di quelli dei distributori tradizionali, in considerazione delle differente struttura dei costi di questi ultimi[301].

23.3. Il divieto assoluto di vendere *online*

Secondo gli *Orientamenti*, una limitazione assoluta all'utilizzo di *internet* rientra praticamente sempre nell'ambito delle *hardcore restrictions*. In tal caso, infatti, l'oggetto anticoncorrenziale della limitazione è difficilmente contestabile in quanto il divieto di effettuare vendite *internet* impedisce ai consumatori di usufruire *in toto* di questo canale distributivo.

Sul punto si è recentemente pronunciata la Corte di Giustizia con rife-

---

[299] Cfr. *ibidem*. In particolare, ci si riferisce alla possibilità per il fornitore di richiedere un *help desk* post-vendita *online* (*Orientamenti sulle restrizioni verticali*, n. 56) e di praticare un *dual pricing* perché le vendite *online* comportano dei costi più elevati (per il fornitore) in termini di reclami e ricorsi alla garanzia (*Orientamenti sulle restrizioni verticali*, n. 56).

[300] PITKANEN T. A., *Selective distribution under article 101 TFUE*, Hanken school of economics, 2011, Helsinki, p. 49.

[301] Cfr. FAELLA G., *Adelante con juicio – Limiti e occasioni perse della nuova esenzione per categoria delle intese verticali, op. cit.*, p. 59.

rimento al caso *Pierre Fabre Dermo-Cosmétique*[302], azienda francese i cui contratti di distribuzione comprendevano una clausola in forza della quale tutte le vendite dovevano essere effettuate in uno spazio fisico e in presenza di un laureato in farmacia, vietando così di fatto tutte le forme di vendita via *internet*.

La Corte ha rilevato che la clausola contrattuale in specie che "vieta di fatto la commercializzazione via *internet* ha, quanto meno, per oggetto di restringere le vendite passive agli utenti finali intenzionati ad acquistare tramite *internet* e non ubicati nella zona di riferimento fisica del membro interessato del sistema di distribuzione selettiva" e, pertanto, ai sensi dell'art 4, lett. c, del Reg. n. 2790/1999 non poteva beneficiare dell'esenzione per categoria. Secondo la Corte, la clausola in questione deve essere considerata, in assenza di un'oggettiva giustificazione, come una restrizione per oggetto che viola il diritto della concorrenza a prescindere dalla quota di mercato detenuta dalle imprese.

Alla luce della sentenza *Pierre Fabre* è possibile individuare due possibili strade per giustificare un divieto assoluto di vendite *online*:
1. L'esistenza di una giustificazione obiettiva;
2. L'ottenimento di una esenzione individuale.

Per quanto attiene alla prima, secondo la Commissione[303], per giustificazione obiettiva deve intendersi quella "legata al prodotto, come ad esempio un divieto generale di vendere sostanze pericolose a determinati clienti per ragioni di salute o di sicurezza". Ciò implica che la restrizione deve essere motivata da norme imperative, poste in essere dalla legislazione nazionale o europea, che mirino alla tutela dell'ordine pubblico. La Commissione sottolinea che il criterio della "giustificazione oggettiva" deve essere applicato restrittivamente e che, salvo per i prodotti la cui distribuzione è regolamentata, una sua applicazione può essere ammessa soltanto in circostanze eccezionali.

Più liberale la posizione sostenuta dell'avvocato generale *Mazak*[304], successivamente confermata dalla Corte di Giustizia, secondo la quale possono esistere circostanze eccezionali in cui la restrizione in esame è obiettivamente giustificata, anche in assenza di una normativa nazionale o comunitaria.

In particolare, "misure volontarie private, (…), possono non rientrare nell'ambito di applicazione dell'art. 81, n. 1, a condizione che le limitazioni

---

[302] Corte di giustizia europea, sent. del 13 ottobre 2011, *cit.* alla nt. n. 285.
[303] Osservazioni scritte della Commissione alla Cour d'appel de Paris, 11 giugno 2009.
[304] Conclusioni dell'avvocato generale *Jan Mazak*, 3 marzo 2011, *Pierre Fabre Dermo-Cosmétique SAS*, causa C 439/09, in Raccolta, 2011.

imposte siano opportune tenendo conto dell'obiettivo legittimo perseguito e che non vadano oltre quanto necessario ai sensi del principio di proporzionalità"[305]. L'obiettivo legittimo perseguito deve avere natura pubblicistica, non includendo giustificazioni afferenti alla tutela dell'immagine del prodotto[306] o ad evitare il rischio di *free riding*, come quelle avanzate dalla *Pierre Fabre*[307].

La seconda possibilità, espressamente prevista dalla Corte di giustizia, consiste nell'ottenimento di un'esenzione individuale, qualora siano soddisfatte tutte le condizioni previste dall'art. 101.3 del TFUE.

Sebbene la sentenza *Pierre Fabre* sia stata emessa nel vigore del precedente quadro regolamentare, essa riflette pienamente i contenuti del Reg. n. 330/2010 e dei relativi *Orientamenti*, confermando l'approccio seguito dal legislatore europeo su tale argomento[308].

La Corte, infatti, ha ritenuto che il divieto assoluto di vendere via *internet* costituisce una restrizione delle vendite passive e, come tale, non è esentabile ai sensi dell'art. 4, lett. c), del Reg. n. 2790/1999. La formulazione dell'art. 4, lett. c), del nuovo Reg. n. 330/2010 è rimasta pressoché invariata e il principio generale in base al quale "qualsiasi distributore deve essere libero di utilizzare *internet* per pubblicizzare o vendere i prodotti" è stato confermato dagli *Orientamenti*[309]. A parere di chi scrive, il fatto che gli *Orientamenti* non contengano più l'esplicito riferimento alla sussistenza di una giustificazione oggettiva può solo avvalorare la tesi secondo cui un divieto assoluto di vendite può essere giustificato soltanto in circostanza veramente eccezionali.

Allo stato attuale del diritto e con riferimento alle decisioni assunte nel caso *Pierre Fabre*, sembra quasi impossibile giustificare oggettivamente un divieto assoluto di vendite *online* così come risulta altamente improbabile l'ottenimento di una esenzione individuale[310].

---

[305] La posizione dell'avvocato generale *Mazak* o della Corte di giustizia può essere sintetizzata nella sussistenza di tre presupposti: 1) necessità; 2) proporzionalità; 3) giustificazione obiettiva.

[306] "Statuizione questa che non è del tutto in linea con la precedente giurisprudenza dei giudici comunitari, secondo la quale il ricorso alla distribuzione selettiva era giustificato se aveva ad oggetto prodotti con un'immagine di prestigio". GIANNINO M., *Distribuzione selettiva e vendita via Internet: il caso Pierre Fabre*, 2011, in <http://www.filodiritto.com>.

[307] Cfr. VOGEL L., *op. cit.*, 2012, p. 4. Secondo l'A. la principale obiezione che può essere mossa contro questo ragionamento è che esso si concentra esclusivamente sui motivi di ordine pubblico senza prendere in alcun modo in considerazione i problemi della dinamica concorrenziale.

[308] Cfr. BIONDETTI M. e PICCIANO I., *La Corte di Giustizia Ue sulla restrizione alle vendite tramite Internet*, in <http://www.diritto24.ilsole24ore.com>.

[309] Cfr. SAD N. e SVETLICINII A., *«Objective Justifications» of «Restrictions by Object» in Pierre Fabre: A More Economic Approach to Article 101(1) TFEU?*, in "European Law Reporter", 2011, n. 11, p. 350.

[310] Cfr. *ivi*, 2012, p. 5.

È necessario, a questo punto della trattazione, analizzare una questione che appare meritevole di attenzione. Si tratta del caso in cui un rivenditore voglia espandere la propria attività servendosi dello strumento dell'*e-commerce*. Nello specifico, si discute circa l'esistenza di un obbligo, in capo al rivenditore, di previa consultazione del fornitore, ove il contratto di distribuzione non preveda espressamente nulla in merito a tale forma di vendita. Tenuto conto del fatto che gli *Orientamenti* affermano che il rivenditore dovrebbe "essere libero di vendere, in modo sia attivo che passivo, a tutti gli utenti finali, anche mediante *internet*", la risposta circa la configurabilità di un simile obbligo dovrebbe essere negativa. Tuttavia la questione non è ancora del tutto chiara, pur essendo stata già affrontata sia in sede europea, sia a livello nazionale[311].

23.4. Le *hardcore restrictions*

Ammaestrato dall'esperienza maturata sulla base delle *Linee Guida* del 2000, il legislatore individua due limitazioni che, se imposte al distributore, sono qualificate come delle *hardcore restrictions* delle vendite passive:

●quelle che fissano percentuali massime di vendite via *internet* da parte dei distributori[312];

●quelle con le quali il produttore cede il bene al distributore ad un prezzo più elevato, laddove quest'ultimo intenda rivenderlo *online* (c.d. *dual pricing*)[313];

Con riferimento alle prime viene precisato che esse non escludono la

---

[311]Cfr. Tribunal de Commerce, Pontoise, sent. del 15 Aprile 1999, *Pierre Fabre Dermo-Cosmetique SA* c. *Alain Breckler*. L'accordo di distribuzione selettiva intercorrente fra *Pierre Fabbre* e *Brecket* non conteneva alcuna clausola che vietasse esplicitamente le vendite via *internet*. Quando *Pierre Frabbre* si accorse che *Brecket* vendeva i propri prodotti su *internet* richiese al giudice di far cessare tale comportamento. Il Tribunale, tuttavia, ha ritenuto che le limitazioni delle vendite negli accordi di distribuzione devono essere interpretate restrittivamente e che nessun divieto si sarebbe potuto dedurre in assenza di un'esplicita previsione.
Cfr. Commissione, dec. del 24 giugno 2002, *B&W Loudspeakers Ltd*, caso IV/C-3/37. Nel 2002, quando gli accordi dovevano ancora essere approvati dalla Commissione, la *B&W Loudspeakers Ltd* ha ottenuto l'autorizzazione per i suoi accordi di distribuzione, a condizione che venisse rimosso il divieto assoluto di vendite *online*. Il sistema approvato dalla Commissione prevedeva un meccanismo in base al quale i rivenditori avrebbero dovuto richiedere alla *B&W* l'autorizzazione per intraprendere le vendite a distanza (incluse le vendite *online*) e quest'ultima avrebbe potuto negarla esclusivamente per iscritto e sulla base di criteri relativi all'immagine del marchio e alla reputazione dei prodotti contrattuali. Anche se tale decisione è stata presa alla luce della precedente regolamentazione, nulla negli *Orientamenti* sembra suggerire che ci sia stato un cambiamento. Cfr. ARONSSON M., *op. cit.*, p. 43.
[312] Cfr. *Orientamenti sulle restrizioni verticali*, n. 52, lett. c).
[313] Cfr. *ivi*, n. 52, lett. d).

possibilità per il fornitore di richiedere che un quantitativo minimo di vendita avvenga nell'ambito di negozi fisici, in considerazione della necessità di remunerare gli investimenti necessari ad una efficace gestione di ciascuno di essi.

È interessante notare che gli *Orientamenti* facciamo espressamente salvo il diritto del produttore di fissare queste soglie assolute in modo uniforme per tutti i membri della rete, oppure a livello individuale per ogni acquirente. Ciò che peraltro rileva è che, qualora la scelta della soglia avvenga *ad hoc*, questa determinazione deve essere fatta "sulla base di criteri oggettivi, come le dimensioni dell'acquirente nella rete o la sua ubicazione geografica"[314].

È stato argomentato che gli *Orientamenti* presentino una contraddizione interna nel permettere al fornitore di richiedere che i suoi distributori abbiano almeno un punto vendita fisico, ma poi limitano la misura in cui tale possibilità possa essere utilizzata in maniera efficiente[315].

Gli *Orientamenti* non forniscono alcuna indicazione in merito ai criteri da seguire per la determinazione dell'ammontare minimo di vendite che è lecito richiedere[316].

Sembra naturale che il produttore consideri i dati relativi alle vendite degli anni passati dei suoi distributori e sulla base di questi fissi la quantità minima assoluta di prodotti che dovrà essere commercializzata esclusivamente tramite *"brick and mortar shops"*.

È lecito ritenere che anche la Commissione, chiamata a decidere sulla ragionevolezza di tale ammontare, ponga alla base del proprio ragionamento i dati relativi alle vendite passate.

Qualora da tale confronto dovesse emergere che la clausola in esame, in quanto eccessivamente elevata, limiti surrettiziamente le vendite *online*, allora essa verrà considerata come una *hardcore restriction*, facendo perdere il beneficio dell'esenzione all'intero accordo[317].

---

[314] Cfr. *ivi*, n. 52.

[315] Cfr. A. S. WATSON EUROPE, *Response to the Commission's review of the Block Exemption Regulation and Guidelines on vertical Restraints*, p. 8.

[316] Cfr. AMERICAN BAR ASSOCIATION, *Joint comments of the American Bar Association Section of Antitrust Law and Section of International Law on The proposal of the European Commission for a revised Block Exemption Rregulation and Guidelines on supply and distribution agreements*, p 13. In sede di revisione, l'*American Bar Association* aveva individuato tale mancanza richiedendo alla Commissione di chiarire l'ammontare o il valore delle vendite che possa essere ristretto all'interno del *"safe harbour"* delineato dal regolamento di esenzione. Evidentemente, la Commissione non ha ritenuto opportuno fissare un limite uguale per tutti, lasciando una maggiore autonomia alle imprese e riservandosi il potere di decidere, di volta in volta, sulla legittima dello stesso.

[317] Federal Supreme Court (Bundesverfassungsgericht - BVerfG), sent. del 4 novembre 2003, *Depotkosmetik*, KZR 2/02. Nel caso in questione, un produttore di profumo si è riservato il diritto di

Il divieto di fissare percentuali massime di vendita via *internet*, tuttavia, non impedisce al fornitore di assicurarsi che l'attività *online* del distributore "rimanga coerente con il modello di distribuzione del fornitore". Quindi, a mero titolo esemplificativo, il produttore potrà limitare le quantità che il rivenditore è autorizzato a vendere sul *web* laddove sussista il rischio che, dietro l'acquirente, si nasconda un grossista o rivenditore extra-rete[318].

Con riferimento alle clausole di *dual pricing*, la Commissione ha assunto una posizione in aperto contrasto con le pratiche commerciali che i produttori sono soliti praticare in tutti i paese europei, indipendentemente dall'utilizzo del canale distributivo elettronico.

Quando un canale distributivo rende al fornitore dei servizi che possono sviluppare positivamente le sue vendite, quest'ultimo remunera il primo, mediante sconti, riduzioni, ecc.

I punti di vendita "non virtuali" si caratterizzano per dei servizi che *internet* non è in grado di fornire, come l'esposizione del prodotto in negozi situati al centro delle città, la possibilità di assistere alla dimostrazione del prodotto, l'assistenza e l'accompagnamento del cliente all'acquisto, ecc...

Essi generano delle vendite addizionali ma presentano, allo stesso tempo, un costo che, a seconda dei casi, potrebbe risultare anche piuttosto elevato.

La clausola di *dual pricing*, vietando le discriminazioni di prezzo fra vendite *online* e *offline*, impedisce ai fornitori di remunerare i distributori tradizionali per i servizi aggiuntivi resi e potrebbe, pertanto, scoraggiarli dal prestarli.

Gli *Orientamenti* precisano che il divieto di clausole di *dual pricing* non esclude la possibilità che il produttore concordi con l'acquirente un compenso fisso per incentivare e remunerare gli sforzi e gli investimenti del rivenditore per le sue attività di vendita (*offline* ovvero *online*). Tuttavia, ciò non deve costituire una manovra per realizzare surrettiziamente un *dual pricing*. Quindi, il compenso in questione non potrà essere correlato, ad esempio, all'andamento del fatturato realizzato *offline* dal rivenditore.

Trattandosi di una *restrizione hardcore*, ne consegue l'inapplicabilità

---

sospendere gli accordi di distribuzione qualora il rivenditore avesse superato una certa percentuale di vendite *offline* ovvero il quantitativo di queste ultime avesse superato quello delle vendite *offline*. Il tribunale federale tedesco ha accettato tale clausola sostenendo che spetta al produttore proteggere i suoi canali di distribuzione, da cui potrebbero derivare delle ricadute negative sull'immagine di esclusività dei prodotti di marca. Il limite de 50% è stato ritenuto ragionevole.

Il caso, risalente al 2003, non è conforme agli attuali *Orientamenti* verticali che non consentono le limitazioni percentuali delle vendite *online*. Tuttavia, è interessante notare come la Corte ha ritenuto legittimo la fissazione di un elevato requisito minimo di vendite *offline* (pari al 50%).

[318] Cfr. GRASSANI S., *op. cit.*, p. 399.

dell'esenzione all'intero accordo, mentre assai difficile sarà prefigurare la possibilità di un'esenzione individuale ai sensi dell'art. 101.3 del TFUE.

Come già evidenziato, tra le ipotesi eccezionali nella quali una clausola di *dual princing* potrebbe essere esentabile ai sensi dell'art. 101.3, gli *Orientamenti* annoverano il caso in cui il maggior prezzo imposto per i prodotti destinati ad essere venduti *online* sia dovuto al fatto che la successiva rivendita su *internet* del bene da parte del distributore determina per il produttore costi sostanzialmente più alti rispetto alle vendite tradizionali in negozio[319].

24. La vendite *online* nella distribuzione esclusiva

Nell'ambito della distribuzione esclusiva assume un elemento decisivo la distinzione fra vendite attive e passive. Infatti, la limitazione delle vendite attive è generalmente ammessa; al contrario ogni limitazione delle vendite passive viene qualificata come restrizione fondamentale.

Al riguardo, il fatto che gli *Orientamenti* abbiano specificamente individuato quando una vendita *online* viene qualificata come "attiva" o "passiva" ha permesso il superamento di molte incertezze interpretative sorte, nel vigore delle precedenti *Linee Guida*.

24.1. Le *hardcore restrictions*

Gli *Orientamenti*, al punto 52, prevedono quattro circostanze che vengono qualificate come *hardcore restrictions*, in quanto costituiscono delle limitazione delle vendite passive. Due di esse, non fanno alcuna distinzione fra distribuzione esclusiva e selettiva[320], mentre le altre due si riferiscono specificatamente all'ipotesi della distribuzione esclusiva.

La prima di queste ultime precisa che costituisce una limitazione alle vendite passive sia un accordo con cui il distributore impedisca ai clienti situati in un altro territorio di visualizzare il suo sito *internet*, sia un'intesa in base alla quale il sito *internet* del distributore venga automaticamente reindirizzato a quelli del produttore o di altri distributori esclusivi. È, tuttavia, ammessa l'intesa che imponga al distributore di inserire, sul proprio sito, una sezione con i *link* ai siti *internet* di altri distributori e/o fornitori.

La *ratio* sottesa a tali indicazioni della Commissione è evidente: vietare

---

[319] Cfr. par. 16.
[320] Ci si riferisce alle clausole che fissano percentuali massime di vendita via *internet* da parte dei distributori e a quelle di *dual pricing*, per le quali si rimanda al par. 23.4.

che, imponendo tali restrizioni, i fornitori possano impedire al distributore di raggiungere – seppure tramite *web* – un numero maggiore di clienti, introducendo una sorta di protezione territoriale assoluta.

Per le stesse ragioni è considerata una limitazione delle vendite passive l'accordo con cui il distributore si rifiuti di concludere le transazioni via *internet* con i consumatori una volta accertato, mediante i dati della loro carta di credito, che il loro indirizzo non si trova nel proprio territorio esclusivo.

24.2. La pubblicità e le promozioni *online*

Gli *Orientamenti* riconoscono l'esistenza di una differente natura fra la pubblicità e le promozioni *online* e il "semplice" uso di un sito *internet*.

Come già detto, "l'esistenza di un sito *internet* è considerata una forma di vendita passiva". Diversamente, la pubblicità e le promozioni *online* sono assimilate a delle vendite attive o passive, a seconda che siano mirate o generali.

In particolate, un investimento in pubblicità o promozioni di portata generale che è *"financially attractive"*[321] per l'acquirente, anche se non raggiunge territori o gruppi di clienti di competenza esclusiva di altri distributori, viene considerato una vendita passiva. È questo il caso nel quale la pubblicità costituisce un modo ragionevole per raggiungere i clienti all'interno del proprio territorio[322].

Al contrario, un investimento in pubblicità o promozioni che è solo *"attractive"* se raggiunge uno specifico gruppo di clienti o un particolare territorio, esclusivamente riservati ad un altro distributore, viene assimilato ad una vendita attiva.

È chiaro che, il criterio della *"filancial attractiveness"* non costituisce un concetto giuridico e, pertanto, la valutazione potrà variare da caso a caso.

D'altra parte, la pubblicità mirata, come la presenza nei *banner* di un collegamento territoriale sui siti *internet* di terzi e il pagamento di un compenso ad un motore di ricerca o ad un *provider* pubblicitario *online* affinché vengano presentate inserzioni specificamente indirizzate agli utenti situati in un particolare territorio, rappresenta una forma di vendita attiva[323]. Analogamente, *e-mail* non sollecitate, inviate a singoli consumatori all'interno di territori attribuiti in via esclusiva ad altri distributori o riservati allo stesso

---

[321] ACCARDO G., *Vertical Antitrust Enforcement: Transatlantic Perspectives on Restrictions of Online distribution under EU and U.S. Competition Laws*, University of Vienna School of Law, 2012, p. 66.
[322] Cfr. *Orientamenti sulle restrizioni verticali*, n. 51.
[323] Cfr. *ivi*, n. 53.

fornitore, sono normalmente considerate delle forme di vendita attiva che il fornitore può restringere.

A differenza della pubblicità o delle promozioni di carattere generale, si presume che la pubblicità mirata costituisca una forma di vendita attiva esclusivamente sulla base delle sue caratteristiche intrinseche e dei suoi obiettivi, indipendentemente da considerazioni di caratteri finanziario.

La pubblicità *online* specificatamente indirizzata solleva una serie di questioni potenzialmente controverse. Vale la pena ricordare come, ad esempio, non è del tutto chiaro se l'attività di ottimizzazione del sito per migliorarne i *ranking*[324] debba essere considerata una forma di vendita attiva o passiva.

In linea di principio, essa può essere fatta rientrare nell'ambito della normale manutenzione tecnica, relativa all'utilizzo del sito e, come tale, costituirebbe una vendita di tipo passivo.

D'altra parte un approccio diverso suggerirebbe che l'ottimizzazione del sito costituisca, nei fatti, uno "sforzo per essere notato" e, pertanto, alla luce di quanto previsto dagli *Orientamenti*, al punto 53, rappresenterebbe una vendita attiva. Ciò appare tanto più evidente se si considera che un siffatto "sforzo" avvenga mediante il pagamento di appositi servizi forniti dai *providers*.

---

[324] Per *ranking* si intende il posizionamento del sito nei risultati naturali delle ricerche.

Conclusione - L'impatto delle restrizioni verticali è concettualmente ambiguo e dipende dal contesto nel quale esse vengono applicate: questa è la principale conclusione emersa dal dibattito economico.

Dal punto di vista della politica *antitrust*, tali risultati implicano che l'approccio ottimale sia quello di limitare il più possibile i divieti *per se* delle varie restrizioni e seguire, invece, la cosiddetta *rule of reason*, ossia la valutazione caso per caso. Inoltre, poiché gli effetti anticompetitivi di tali previsioni contrattuali si possono manifestare soltanto se le imprese coinvolte godono di un notevole potere di mercato, è giusto che vengano stabiliti criteri in base ai quali soltanto gli accordi verticali intercorrenti tra le suddette imprese siano analizzati approfonditamente dalle Autorità di concorrenza.

Tali ragionamenti hanno ispirato la riforma del 1999 e sono stati confermati dal nuovo Reg. n. 330/2010. La regola giuridica derivata da tali considerazioni è una presunzione di liceità degli accordi che non superino la soglia del 30% della quota di mercato. Al di sopra della summenzionata regola non vige alcuna presunzione di illiceità e l'intesa deve essere valutata caso per caso.

Il criterio della quota di mercato (quale *proxy* del potere di mercato), tuttavia, continua a non essere preso in considerazione ai fini della valutazione dell'impatto concorrenziale di un accordo verticale, contenente una *hardcore restriction*, che viene automaticamente escluso dal beneficio dell'esenzione.

In merito a tale scelta della Commissione è possibile presentare alcuni rilievi.

In *primis*, nella situazione in cui le imprese detengono uno scarso potere di mercato, i danni per la concorrenza sono quasi nulli, mentre le imprese che adottano tali accordi potrebbero trarre dei benefici di efficienza non trascurabili.

Gli *Orientamenti* si limitano a precisare che il mancato superamento della soglia del 15%, previsto dalla Comunicazione *De Minimis,* non assicura l'immunità.

Sarebbe stato, quindi, più opportuna una scelta del legislatore più coraggiosa, prevedendo l'applicazione di una disciplina *De Minimis* anche in presenza delle restrizioni elencate nella *black list.*

D'altra parte, poiché gli accordi contenenti una *hardcore restriction* presentano un potenziale competitivo ambiguo, sembra condivisibile la scelta della Commissione di escluderli automaticamente dall'ambito di applicazione del regolamento, rendendo necessaria una valutazione caso per caso (*rule of reason*). Al contrario, non sembra accettabile la connotazione negativa con cui essa continua a velare le *hardcore restrictions*. Negli *Orientamenti*, infatti, si continua a qualificare come improbabile la possibilità di ottenere un'esenzione individuale ai sensi dell'art. 101.3 del TFUE[325].

In assenza di una maggiore propensione della Commissione a concedere l'esenzione, quest'approccio valutativo, apparentemente improntato alla *rule of reason*, potrebbe tradursi in una *per se condemnation*.

Infine, in merito alle ipotesi di *efficiency defense*, ossia alle argomentazioni che le imprese possono usare nell'ambito di un procedimento aperto in relazione alle restrizioni fondamentali, si puntualizza che esse individuano delle specifiche circostanze giustificative senza considerare in alcun modo paramenti strutturali e, in particolare, il potere di mercato. Da ciò consegue che, ai fini della valutazione delle ipotesi espressamente previste dagli *Orientamenti*, il potere di mercato non sarà considerato un parametro determinate, ma, al massimo, influente. Inoltre, al di fuori delle ipotesi di *efficiency defense*, le imprese, con molta probabilità, incontreranno ampi ostacoli nel giustificare l'imposizione di restrizioni fondamentali, anche in presenza di un ridotto potere di mercato.

L'introduzione della quota di mercato del distributore, quale soglia massima per l'esentabilità, appare idonea a porre in evidenza le motivazioni economiche della restrittività degli accordi, ossia quelle legate al potere di mercato dei distributori. Tale modifica riflette la crescente attenzione delle autorità di concorrenza verso l'aumento del potere di mercato della distribuzione – in molteplici settori economici – e la sua capacità di imporre clausole contrattuali idonee ad incidere sulla dinamica concorrenziale a monte e a valle.

Sembra di non poter concordare con coloro[326] che, al fine di garantire alle imprese una maggiore certezza giuridica, suggerivano di mantenere inalterato il previgente sistema ad un'unica soglia e di rafforzare contestualmente gli strumenti di revoca e di disapplicazione dell'esenzione per categoria.

In un contesto in cui sempre più forte è il potere di mercato vantato dai distributori nel mercato a valle, risponde maggiormente agli obiettivi *antitrust* un meccanismo che neghi *ex ante* l'esenzione, per poi eventualmente concederla sulla base di una valutazione *ad hoc*, piuttosto che concederla per poi revocarla successivamente.

La revoca non permetterebbe di porre rimedio ai guasti verificatisi nel *medio tempore*, oltre al fatto che le Autorità competenti potrebbero non ve-

---

[325] Cfr. *Orientamenti sulle restrizioni verticali*, n. 47.
[326] Cfr. FAELLA G., *Adelante con juicio – Limiti e occasioni perse della nuova esenzione per categoria delle intese verticali*, op. cit., p. 63.

nire mai a conoscenza dell'intesa illecita o mostrare una certa ritrosia a revocare l'esenzione disposta da un regolamento.

Un elemento indubbiamente positivo della nuova normativa europea è costituito dalla maggiore attenzione prestata alle nuove tecniche di vendita *online*. Meno positivo è, invece, il modo con il quale si è deciso di affrontare la sfida dell'*e-commerce*.

La scelta di aver lasciato esclusivamente agli *Orientamenti,* il compito di esplicitare la posizione della Commissione sul tema rischia di originare un differente trattamento nelle diverse giurisdizioni degli Stati membri.

Al di là della fonte normativa prescelta, la disciplina delle vendite *online* delineata dagli *Orientamenti,* sebbene abbia permesso il superamento di numerose incertezze applicative sorte nella vigenza del precedente regime, presenta dei problemi di compatibilità con riferimento ai sistemi di distribuzione esclusiva e selettiva.

L'adattamento di principi tralatizi del diritto comunitario, quale la distinzione fra vendite attive e passive, alla nuova realtà del commercio *online* ha messo seriamente in difficoltà i sistemi di distribuzione esclusiva. Nell'era di *internet*, la protezione che può essere accordata ai rivenditori, attraverso l'assegnazione di un territorio esclusivo, è per molti versi effimera.

In un mondo virtuale, non vi sono aree geografiche riservate all'uno o all'altro distributore: i consumatori possono accedere ai canali distributivi e contattare i rivenditori in modo istantaneo e senza particolari costi, indipendentemente dalla loro collocazione fisica. Inoltre, i consumatori che si avvalgono di *internet* per effettuare i loro acquisti hanno, nel corso del tempo, acquisito una maggiore consapevolezza e svolgono un ruolo attivo nella ricerca delle opportunità offerte dalla rete.

In siffatto scenario, la distinzione fra vendite attive e passive perde gran parte del suo significato, perché in rete tutti gli operatori commerciali sono ugualmente reperibili dai clienti e, quindi, non è necessario cercare attivamente un contatto con i potenziali acquirenti per effettuare vendite in territori o a clienti diversi da quelli assegnati.

Sussiste, inoltre, un problema di compatibilità fra il Reg. n. 330/2010 e gli *Orientamenti*. L'art. 4, lett. b), del Reg. n. 330/2010 proibisce le restrizioni generali di vendita a particolari consumatori (*full reservation clauses*) mentre permette le restrizioni di vendere attivamente a certi gruppi di consumatori (*limited reservation clauses*). Tuttavia, la differenziazione di cui all'art. 4, lett. b), fra restrizioni delle vendite a particolari consumatori e a gruppi di consumatori, risulta piuttosto difficile da attuare per quanto concerne le vendite *online*[327].

In virtù della difficoltà sopra illustrata e della effimera protezione territoriale assicurata ai rivenditori, potrebbe essere saggio abbandonare vecchi criteri, come la distinzione fra vendite attive e passive, e coprire a distribuzione *online* con un quadro normativo diverso.

Per quanto concerne i sistemi di distribuzione selettiva, in molti casi, il produttore potrebbe avere un interesse legittimo ad assicurare al commercio tradizionale una protezione più estesa di quella consentita dagli *Orientamenti*, per preservare l'immagine della marca, fornire maggiori incentivi alla promozione dei beni o dei servizi contrattuali ed evitare fenomeni di *free riding* sui servizi prevendita prestati dai rivenditori tradizionali, in relazione ai prodotti il cui acquisto richieda un'esperienza diretta nei locali commerciali.

Del resto, proprio perché *internet* è una potente leva commerciale, che consente di raggiungere i clienti agevolmente e a costi bassi, ampliando il mercato geografico di riferimento e, potenzialmente, incrementando in maniera sostanziale il volume d'affari, è improbabile che produttori, privi di potere di mercato, vi rinuncino in assenza di reali esigenze commerciali.

La nuova regolazione, limitando la libertà dei produttori che si avvalgono dei sistemi di distribuzione selettiva di scegliere le caratteristiche dei propri rivenditori autorizzati (ivi incluso il divieto di vendite *online*), rinuncia a ulteriori passi avanti verso un approccio meno regolativo e maggiormente basato sull'analisi economica degli effetti.

In conclusione, il Reg. n. 330/2010, sebbene abbia confermato i tratti fondamentali di un impianto normativo nel complesso apprezzabile e introdotto la valutazione economica del potere di mercato dei distributori, presenta un esito piuttosto modesto, perché non è stato in grado di porre in essere delle scelte più coraggiose che avrebbero permesso di ancorare maggiormente la valutazione sei singoli accordi all'analisi economica degli effetti.

---

[327] KIRSCH A. e WEESNER W., *Can antitrust law control e-coomerce? A comparative analysis in light of U.S. and EU antitrust law*, University of California, Davis, p. 327.

BIBLIOGRAFIA

Libri, codici, monografie ed enciclopedie

ACCARDO, GABRIELE, Vertical Antitrust Enforcement: Transatlantic Perspectives on Restrictions of Online distribution under EU and U.S. Competition Laws, University of Vienna School of Law, 2012.

AMERICAN BAR ASSOCIATION, Joint comments of the American Bar Association Section of Antitrust Law and Section of International Law on The proposal of the European Commission for a revised Block Exemption Rregulation and Guidelines on supply and distribution agreements, American Bar Association, 2009.

ANDRIYCHUK, OLES, New bottles – Same Wine? A critical assessment of the reformed EU rules on vertical restraints, in "Concorrenza e mercato", 2011, pp. 745-763.

ANTOCI, BASILIO, La norma giuridica, in Studio Cataldi - Quotidiano Giuridico, Studio Cataldi Editore, Ascoli Piceno, 29 Agosto 2013, URL < http://www.studiocataldi.it/news_giuridiche_asp/news_giuridica_14143.asp >.

ARONSSON, MARIE, Selective distribution and online sales, Master of Law Thesis, University of Gothenburg, 2010.

A. S. WATSON EUROPE, Response to the Commission's review of the Block Exemption Regulation and Guidelines on vertical Restraints, Brussels, 2009.

ASSONINE, Circolare n. 23/2010, Disciplina antitrust degli accordi verticali: il regolamento UE n. 330/2010 e i nuovi Orientamenti della Commissione europea, in "Rivista delle Società", 2010, vol. 55, n. 6, pp. 1307-1362.

ASSONINE, Circolare n. 47/2003, Modernizzazione delle regole di applicazione degli articoli 81 e 82 del Trattato: il regolamento (CE) n. 1/2003 del Consiglio del 16 dicembre 2002, in <http://www.emagazine.assonime.it>.

AUTORITÈ DE LA CONCURRENCE, Opinion of 28 September on the review of EC regulation n. 2790/99 and of the guidelines on vertical restraints, in European Commission – sito istituzionale, 2009.

BALDI, ROBERTO e VENEZIA, ALBERTO, Il contratto di agenzia. La concessione di vendita. Il franchising, 2011, Milano: Giuffrè.

BARUCCI, PIERO e BARONE, ANDREA, Il nuovo regolamento europeo sulle restrizioni verticali, in "Mercato concorrenza regole", vol. 3, pp. 431-446.

BASTIANON, STEFANO, Diritto antitrust dell'unione europea, 2011, Milano: Giuffrè.

BELLIS, JEAN-FRANCOIS e VAN BAEL, IVO, Il diritto comunitario della concorrenza: con analisi della disciplina del procedimento antitrust in Italia, 2009, Torino: Giappichelli.

BELLIS, JEAN-FRANCOIS e VAN BAEL, IVO, Competition Law of the European Community, 2009, kluer law international.

BENNET MATTHEW, FLETCHER AMELIA, GIOVANNETTI EMANUELE, STILLFBRASS DAVID, Resale price maintenance: explaining the controversy and small steps toward a more nuanced policy, in "Munich Personal RePEc Archive", 2010, paper n. 21121, in <http://mpra.ub.uni-muenchen.de/21121/1/MPRA_paper_21121.pdf>.

BENTIVOGLI, CHIARA e TRENTO, SANDRO, Economia e politica della concorrenza: antitrust e regolamentazione, 2008, Roma: Carocci.

BIANCHI, MARCO, Internet e contratti di distribuzione: concorrenza e accordi verticali, in "Commercio internazionale", 2009, n. 22, pp. 5-10.

BORTOLOTTI, FABIO, Manuale di diritto della distribuzione – Il contratto di agenzia commerciale, 2007, vol. 1, Padova: Cedam.

BORTOLOTTI, FABIO, Il problema delle soglie di mercato nel nuovo regolamento di esenzione sulle restrizioni verticali. Osservazioni critiche e proposte, in "Contratto e impresa/Europa", vol. 2, pp. 535-560.

BRASSARD, RAYMOND J., Tying Arrangements: Requisite Economic Power,Promotional Ties and the Single Product Defense, in "Boston College Law Review", 1970, vol. 11, issue 2.

BRENNING-LOUKO MAGDALENA, GURIN ANDREI, PEEPERKORN LUC e VIERTIÖ KATJA, Vertical Agreements: New Competition Rules for the Next Decade, in "Antitrust", 2010, n. 2.

BRICENO, MORAIA, LINDA, Gli accordi di prezzo minimo di rivendita e il problema del free riding. Spunti per una riflessione comparata tra USA e UE, in "Giurisprudenza commerciale", 2010, n. 1, pp. 172-185.

BRUZZONE, GINEVRA e SAIJA, AURORA , Le regole europee del 2010 sugli accordi verticali: approccio economico e utilizzo delle presunzioni giuridiche, in "Contratto e impresa", 2010, vol. 2, pp. 635-660.

BRUZZONE, GINEVRA, Riforma della politica comunitaria in materia di intese verticali. Verso un maggiore utilizzo dell'analisi economica, in "Mercato concorrenza regole", 2000, anno II, vol. 1, pp. 11-37.

CARUSO, BIANCA, Il nuovo regolamento di esenzione delle intese verticali: l'analisi economica e le modifiche mancate, in "Concorrenza e mercato", 2011, pp. 765- 809.

CATELLI, VITTORIO, e FLORIDIA, GIORGIO, Diritto antitrust: le intese restrittive della concorrenza e gli abusi di posizione dominante, 2003, Milano: Ipsoa.

CATRICALÀ, ANTONIO e GABRIELLI ENRICO, I contratti nella concorrenza, 2011, Milano: Utet Giuridica.

COLANGELO, GIUSEPPE, Farmaci commercio parallelo e obiettivo dell'antitrust: il caso Glaxo, in "Foro Italiano", 2007, n. 1, pp. 39-41.

COLANGELO, GIUSEPPE e MARTINI, GIANMARIA, Endogenous maximum RPM, recommended retail prices and the role of buyer power, in <http://www.unibg.it/dati/persone/418/1550.pdf>, 2007.

CONFINDUSTRIA, Consultazione della Commissione UE sulla revisione del regolamento relativo all'applicazione dell'art. 81, paragrafo 3, del Trattato CE a categorie di accordi verticali e pratiche concordate, in Confindustria – siti ufficiale, 2009, <http://www.confindustria.it/Aree/DocumentiPub.nsf/C2FCBADAD1F4ADFEC125764300441292/$File/Consultazi one%20accordi%20verticali-Risposta%20Confindustria.PDF>.

CUCINOTTA, ANTONIO, Caso Leegin: ragionevole antitrust o salto nel buio?, in "Foro Italiano", 2007, IV, p. 475.

DAY, JONES, Antitrust Law Answer Book, 2011-2012, Practising law institute.

DE STEFANO, GIANNI, The new EU Vertical Restraints Regulation: Navigating the vast seas beyond safe harbours and hardcore restriction, in "European Competition Law Review", 2010, pp. 487-490.

DELLI PRISCOLI, LORENZO, Le restrizioni verticali della concorrenza, 2002, Milano: Giuffrè.

DI CATALDO, VINCENZO e VANZETTI, ADRIANO, Manuale di diritto industriale, 2009, Milano: Giuffrè.

DI VIA LUCIANO, Alcune riflessioni sulla role of reason ed il concetto di consistenza di una restrizione della concorrenza, in "Diritto commerciale internazionale", 1996.

DOBSON, W. PAUL e WATERSON, MICHAEL, Vertical restraints and competition policy, Research Paper 12, 1996.

DRAETTA, UGO e PARISI, NICOLETTA, Elementi di diritto dell'Unione Europea, 2010, Milano: Giuffrè.

ERRICO, PATRIZIA, La nuova disciplina comunitaria delle intese verticali, in "Le nuove leggi civili commentate", 2011, vol. 6, pp. 1407-1431.

FAELLA, GIANLUCA, Adelante con juicio. Limiti e occasioni per categoria delle intese verticali, in "Mercato concorrenza regole", 2011, vol. 1, pp. 29-63.

FAELLA, GIANLUCA, Le intese verticali, in "La concorrenza" (a cura di FRIGNANI A. e PARDOLESI R.), 2006, Torino: Giappichielli.

FARCHIONE, ANTONIO, Il prezzo, 2007, Milano: Ipsoa.

FATTORI, PIERO e TODINO, MARIO, La disciplina della concorrenza in Italia, 2010, Bologna: il Mulino.

FRIGNANI, ALDO, Il reg. 330/2010 sulle intese verticali ed il franchising, in "Diritto del commercio internazionale", 2011, vol.1, pp. 33-45.

FRIGNANI, ALDO e PARDOLESI, ROBERTO, La concorrenza, 2006, Torino: Giappichielli.

FRIGNANI, ALDO e TORSELLO, MARCO, Il contratto internazionale, 2010, Padova: Cedam.

GENTILE, ENRICO, Il problema degli «accordi verticali» per la distribuzione o per la fornitura congiunta di famiglie complete di prodotti, in "Contratto e impresa/Europa", 1999, vol. 2, pp. 607-662.

GHEZZI FEDERICO, IANNUCCELLI PAOLO e MALBERTI CORRADO, La disciplina delle intese nel diritto comunitario della concorrenza. Un commento all'art. 81 del Trattato, in <http://www.antitrustisti.net>.

GHEZZI FEDERICO, MARIATERESA MAGGIOLINO e IANNUCCELLI PAOLO, La disciplina delle intese. Profili sostanziali. Un commento agli articoli 2 e 4 della legge n. 287/1990, in < http://www.antitrustisti.net>.

GIANNINO, MICHELE, Distribuzione selettiva e vendita via internet: il caso Pierre Fabre, 2011, in <http://www.filodiritto.com>.

GRASSANI, STEFANO, Vendite internet e selezione della rete distributiva: Darwin o Posner?, in "Mercato concorrenza regole", 2011, n. 2, pp. 379-400.

GRILLO, MICHELE, Antitrust, in "Rivista di politica economica", 2006, pp. 325-419.

GRIMES, WARREN S., Brand marketing, interbrand competition, and the multibrand retailer: the antitrust law of vertical restraints, in "Antitrust law journal", 1995/6, vol. 64.

HAWK, BARRY E. e STANTON, DENAEIJER , Can U.S. antitrust laws and practice provide lesson or suggestion to assist in the EC reform of competition law rules applicable to vertical restrain?, in "Contratto e impresa/Europa", 1999.

HOVENKAMP HERBERT J., Harvard, Chicago, and transaction cost economics in antitrust analysis, University of Iowa, College of Law, 2010, n. 10-35, p. 4.

HOVENKAMP, HERBERT J., Federal antitrust policy, in "The law of competition and its practice", 1999.

IMBRENDA, MARIASSUNTA, I contratti di distribuzione, in "I contratti nella concorrenza" (a cura di CATRICALÀ, ANTONIO e GABRIELLI, ENRICO), Milano: Utet Giuridica, 2011, p. 741.

JOHANSSON, EVA, Selective distribution systems in practice - Consequences of and justifications for selective distribution together with effects of the new Block Exemption Regulation, Degree Thesis at Jonkoping University, A.Y. 2009/2010.

KIRSCH, ANDREAS e WEESNER, WILLIAM, Can antitrust law control e-commerce? A comparative analysis in light of U.S. and EU antitrust law, University of California, Davis.

LAFONTAINE, FRANCINE e SLADE, MARGARET, Exclusive Contracts and Vertical Restraints: Empirical Evidence and Public Policy, in "Journal of Economic Literatur", 2005.

LAO, MARINA L., Leegin and resale price maintenance – a model for emulation or for caution for the world?, in "International review of intellectual property and competition law", 2008, p. 253-258.

LIANOS, IOANNIS, New kids on the block: retailer-driven vertical practices and the new regulation of vertical restraints in eu competition law, in "The CPI Antitrust Journal", 2010, vol. 2.

LIPARI, NICOLÒ e RESCIGNO, PIETRO, Il contratto in generale, 2009, Milano: Giuffrè.

MANGINI, VITO, MARIA e OLIVIERI, GUSTAVO, Diritto antitrust, 2009, Torino: Giappichielli.

MANZINI, PIETRO, Antitrust applicato: raccolta sistematica della giurisprudenza comunitaria, 2004, Torino: Giappichielli.

MANZINI, PIETRO, La riforma della disciplina comunitaria delle restrizioni verticali della concorrenza, in "Il diritto dell'Unione Europea", 2002.

MEROLA, FAUSTO e STILE, MARIA TERESA, Accordi internazionali fra imprese, 2011, Torino: Giappichielli.

MOTTA, MASSIMO e POLO, MICHELE, Antitrust, 2005, Bologna: il Mulino.

NEDERLANDSE MEDEDINGINGSAUTORITEIT, Netherland competition authority contribution to the public consultation on the review of the competition rules applicable to vertical agreements, in "European Commission" – sito istituzionale, 2009, <http://ec.europa.eu/competition/consultations/2009_vertical_agreements/netherlandscompetitionauthority_en.pdf >.

PAPPALARDO, AURELIO, Il diritto comunitario della concorrenza, 2007 Torino: Utet.

PARDOLESI, ROBERTO, Intese restrittive della libertà di concorrenza, in "La concorrenza" (a cura di FRIGNANI A. e PARDOLESI R.), 2006, Torino: Giappichelli.

PARDOLESI, ROBERTO, La distribuzione commerciale e le regole del diritto comunitario: concorrenza comunitaria, regolamenti di esenzione, accordi verticali, importazioni parallele, in <http://www.law-economics.net>.

PECCHIOLI, NICCOLÒ, Brevi note sulla distribuzione selettiva alla luce del nuovo regolamento di esenzione per categoria, in "Rivista italiana di diritto pubblico comunitario", 2011, n. 6, pp. 1117-1137.

PEEPERKORM, LUC, Revised EU competition rules for supply and distribution agreements, in "Competition law yearbook" (a cura di KILPAILUOIKEUDELLINEN VUOSIKIRJA), 2010.

PERA, ALBERTO, Concorrenza e antitrust, 2005, Bologna: il Mulino.

PICCIANO, IRENE e BIONDETTI, MATTEO, La Corte di Giustizia UE sulla restrizione alle vendite tramite Internet, in <http://www.diritto24.ilsole24ore.com/avvocatoAffari/mercatiImpresa/2011/10/la-corte-di-giustizia-ue-sulla-restrizione-alle-vendite-tramite-internet.html>, 2011.

PITKANEN, TEEMU, ARIMO, Selective distribution under article 101 TFUE – Devaluation of brands?, Hanken School of Economic, Helsinki, 2011.

PREITE, FILIPPO, Atti notarili. Diritto comunitario e internazionale, 2011, vol. 3, Milano: Utet Giuridica.

REINDL, ANDREAS P., Resale Price Maintenance and Article 101: Developing a More Sensible Analytical, in "Fordham International Law Journal", 2011, vol. 33, issue 4, pp. 1300-1333.

REY, PATRICK, Price control in vertical restrictions, in "The pros and cons of vertical restraints", Konkurrensverket Swedish Competition Authority, pp. 135-161 .

REY, PATRICK e STIGLITZ, JOSEPH, Vertical restraints and producers' competition, Working Paper n. 2601, May 1988.

RAY, PATRICK e TIROLE, JEAN, A Primer on Foreclosure, Handbook of Industrial Organization (a cura di ARMSTRONG MARK e PORTER ROB), 2003.

RAYCHAUDHURI, TILOTTAMA, Vertical restraints in competition law: the need to strike the right balance between regulation and competition, in "Nujs law review", 2011, 4 nujs.

RINALDI, RAIMONDO, Il nuovo regolamento della commissione europea sugli accordi verticali, in "Diritto del commercio internazionale", 2000, vol. 2,   pp. 479-506.

ROMANO, ALBERTO, Restrizioni verticali e tutela della concorrenza nel settore della moda, Tesi di laurea, 2008/2009, Facoltà di Economia, Luiss.

SABBATINI, PIERLUIGI, La concorrenza verticale, in Hermes Ricerche, 10 agosto 2005, JEL Classification: C78, K21, L22, L42, <http://www.hermesricerche.it>.

SAGLIASCHI, GUIDO e LEPRI, IMMACOLATA, Impresa e commercio: panorama internazionale, in "Commercio internazionale", 2009, vol. 20, pp. 31-33.

SICCA, RENATO, Il nuovo regolamento generale di esenzione degli accordi verticali: elementi innovativi e interessi in gioco, in "Concorrenza e mercato", 2011, pp. 811-833.

SIMONINI, GIANFRANCO, Accordi verticali limitativi della concorrenza ed indipendenza del distributore, in "Diritto comunitario e degli scambi internazionali", 2011, vol. 1, pp. 123-149.

SIMONINI, GIANFRANCO, Concessione di vendita in esclusiva e distribuzione integrata nel sistema antitrust, in Studio Legale Simonini, 2009, <http://www.studiolegalesimoninicoratza.it>.

SLADE, MARGARET, The effects of vertical restraints: an evidence based approach, in "The pros and cons of vertical restraints", pp. 12-39.

SLAUGHTER e MAY, The EU competition rules on vertical agreements, 2006, in <http://www.slaughterandmay.com>.

SODANO, VALERIA, L'analisi tradizionale dell'integrazione verticale, in <http://wpage.unina.it/vsodano/Fcapitolo%207.pdf>.

STEINER, ROBERT L., Intrabrand competition – stepchild of antitrust, in "The antitrust Bullettin", 1991, vol. XXXVI.

SVETLICINII, ALEXANDR e SAD, NOVI, «Objective Justifications» of «Restrictions by Object» in Pierre Fabre: A More Economic Approach to Article 101(1) TFEU?, in "European Law Reporter", 2011, n. 11.

VARALDO, RICCARDO e DALLI, DANIELE, Le relazioni strategiche tra industria e distribuzione, in "Sinergie", 2003, n. 61-62, pp. 255-297.

VEROUDEN, VINCENT, Vertical agreements: motivation and impact, in "3 Iusses in Competition Law and Policy", 2008, pp. 1813-1840.

VILLANACCI, GERARDO, I contratti della distribuzione commerciale, 2010, Torino: Utet.

VOGEL, LOUIS, EU competition law applicable to distribution agreements: review of 2011 and outlook for 2012, in "Journal of european competition law and practice", 2012.

WHISH, RICHARD e BAILEY, DAVID, Regulation 330/2010: the commission's new block exemption for vertical agreements, in "Common market law review", 2010, vol. 6, pp. 1764-1765.

WIJCKMANS, FRANK e TUYTSCHAEVER, FILIP, Vertical agreements in EU competition law, 2011, Oxford University Press.

137

Giurisprudenza

Corte di Giustizia

cause riunite C-56/64 e C-58/64
causa C-32/65
causa C-56/65
causa C-23/67
causa C-41/69
causa C-48/69
causa C-1/71
causa C-26/76
causa C-28/77
causa C-32/78
cause riunite C-36/78 e C-82/78
causa C-123/83
causa C-65/86
causa C-243/86
causa C-234/89
causa C-41/90
causa C-306/96
causa C-309/99
causa C-74/04
cause riunite C-501/06 P e C-515/06 P
causa C-260/07
causa C-439/09

Tribunale primo grado (UE)

causa T-1/89
causa T-43/92
causa T-7/93
causa T-17/93
causa T-112/99
causa T-67/01
causa T-325/01

Commissione

caso IV/428
caso IV/C-3/37
caso IV/M-1221

Altri organi

Avvocato Generale, conclusioni, causa C 439/09
Bundesverfassungsgericht, sent. 4 novembre 2003, KZR 2/02
Conseil de la Concurrence, dec. 24 luglio 2006, Festina France, n. 06-D-24.
Karlsruhe District Court, sent. 25 novembre 2009, case 6 U 47/08
Munich Appeal Court, sent. 2 luglio 2009, U [K] 4842/08
Supreme Court of the United States, sent. 551 U.S. 877 (2007)
Tribunal de Commerce, Pontoise, sent. 15 Aprile 1999

Normativa

Reg. 330/2010, in GUUE, 23 aprile 2010, Regolamento relativo all'applicazione dell'articolo 101, paragrafo 3, del trattato sul funzionamento dell'Unione europea a categorie di accordi verticali e pratiche concordate, L 102/1.
Reg. 1/2003, in GUUE, 4 gennaio 2003, Regolamento concernente l'applicazione delle regole di concorrenza di cui agli articoli 81 e 82 del trattato, L 001.
Reg. 1400/2002, in GUUE, 1 luglio 2002, Regolamento relativo all'applicazione dell'articolo 81, paragrafo 3, del trattato a categorie di accordi verticali e pratiche concordate nel settore automobilistico, L 203/30.
Reg. 2790/1999, in GUUE, 29 dicembre 1999, Regolamento relativo all'applicazione dell'articolo 81, paragrafo 3, del trattato CE a categorie di accordi verticali e pratiche concordate, L 336/21.
Reg. 4087/88, in GUCE, 28 dicembre 1988, Regolamento concernente all'applicazione dell'articolo 85, paragrafo 3, del trattato CEE a categorie di accordi di franchising, L 359/46.
Reg. 83/1983, in GUCE, 30 giugno 1983, Regolamento relativo all'applicazione dell'art. 85, paragrafo 3, del trattato CEE a categorie di accordi di distribuzione esclusiva, L 173/1.
Reg. 1984/83, in GUCE, 30 giungo 1983, Regolamento relativo all'applicazione dell'articolo 85, paragrafo 3, del trattato CEE a categorie di accordi di acquisto esclusivo, L 173/5.
Reg. 17/1962, in GUCE, 21 febbraio 1962, Primo Regolamento d'applicazione degli articoli 85 e 86 del Trattato, L 204/62.
Comunicazione della Commissione, in GUUE, 22 dicembre 2011, Comunicazione della Commissione relativa agli accordi di importanza minore che non determinano restrizioni sensibili della concorrenza ai sensi dell'articolo 81, paragrafo 1, del trattato che istituisce la Comunità europea (de minimis), 2001/C 368/07.
Comunicazione della Commissione, in GUUE, 19 maggio 2010, Orientamenti sulle restrizioni verticali, 2010/C 130/01.
Comunicazione della Commissione, in GUUE, 24 febbraio 2009, Orientamenti sulle priorità della Commissione nell'applicazione dell'art. 82 del Trattato CE al comportamento abusivo delle imprese dominanti volto all'esclusione dei concorrenti, C 45/02.
Comunicazione della Commissione, in GUUE, 22 ottobre 2009, Comunicazione della Commissione sul commercio elettronico transfrontaliero tra imprese e consumatori nell'UE, COM(2009) 557.
Comunicazione della Commissione, in GUCE, 27 aprile 2004, Linee direttrici la nozione di pregiudizio al commercio tra Stati membri di cui agli articoli 81 e 82 del trattato, 2004/C 101/07.
Comunicazione della Commissione, in GUCE, 26 novembre 1998, Comunicazione della Commissione sull'applicazione delle regole di concorrenza comunitarie alle restrizioni verticali, 98/C 365/03.
Commissione della Commissione, in GUCE, 22 gennaio 1997, Libro Verde sulle restrizioni verticali nella politica della concorrenza, COM(96) 721.
Comunicazione della Commissione, in GUCE, 9 dicembre 1997, Comunicazione sulla definizione del mercato rilevante ai fini dell'applicazione del diritto comunitario in materia di concorrenza, 97/C 372/03.
Comunicazione della Commissione, in GUCE, 3 gennaio 1979, Comunicazione della Commissione relativa alla valutazione dei contratti di subfornitura alla luce dell'articolo 85, paragrafo 1, del trattato che istituisce la Comunità economica europea, C 001.
Comunicazione della Commissione, in GUCE, 24 dicembre 1962, Comunicazione relativa ai contratti di rappresentanza esclusiva stipulati con rappresentanti di commercio, L 139.
Raccomandazione della Commissione, in GUUE, 6 maggio 2003, Raccomandazione relativa alla definizione delle microimprese, piccole e medie imprese, 2003/361/CE, L 124/36.

Indice